LEGISPRUDENCE
A NEW THEORETICAL
APPROACH TO
LEGISLATION

《立法学经典译丛》
赵雪纲 主编

立法法理学
立法研究的新路径

吕克·J.温特根斯 主编
朱书龙 译

商务印书馆
The Commercial Press

Luc J. Wintgens
LEGISPRUDENCE: A NEW THEORETICAL APPROACH TO LEGISLATION
Copyright © 2002 by Hart Publishing
本书根据哈特出版社 2002 年版译出

立法学经典译丛
总　序

一

柏拉图在《法律篇》的开头之处就通过雅典来客之口问道:"告诉我,你们的法律是谁制定(安排)的?是某位神?还是某个人?"① 这种以追问立法者及其立法方式开端的思考方式,奠定了后世西方思想家探究立法问题的基本模式。又由于古犹太人首先以摩西传达的上帝诫命为其律法,故承继犹太信仰核心的基督教思想家对立法问题的思考,尤重立法者及其法律的"制定"问题。阿奎那在阐述法律的核心要素时,将立法者(legislator)、理性(reason)、公共善(common good)和颁布(promulgation)四者作为判断一条规则具有法律品质的标准。② 在柏拉图或者阿奎那这样的古典思想家那里,立法者到底应该是谁的问题,大体又可以分为两层来理解:第一层是,立法者应该是神还是人;第二层是,如果立法者是人,那应该是什么样的人。在古人那里,似乎只有神

---

① 柏拉图:《法律篇》,张智仁、何勤华译,孙增霖校,上海人民出版社2001年版,第1页。
② 圣托马斯·阿奎纳:《神学大全》第六册《论法律与恩宠》,周克勤总编,刘俊馀译,中华道明会、碧岳学社2008年版,第1—7页。

所制定的法律,才是最不可能偏离正义的,而人所制定的法律则不一定如此。故而宙斯的儿子米诺斯"每隔九年……就到他父亲宙斯那里去请教,根据神谕"为克里特城邦制定法律。而摩西这样的先知,也是从上帝那里领受了祂借着天使所颁布的法律(旧约的法律),更不要说神子耶稣直接颁布新约法律的故事了。职是之故,人类立法者(human legislator),一定至少是半神之人,甚至本身就是神自身,否则他便不能参悟神道,并将永无谬误的神圣之法传达给人类。按柏拉图的看法,似乎只有神明亲自立法或通过半神之人传达自己的法律,这法律才能"像一个弓箭手那样始终瞄准唯一的目标",即美德。① 故而古人之追问立法者应该是神是人,其实是在关注人类立法者的限度以及人法的目的和方向问题。

然而,启蒙思想家却认为,神明和通神之人,甚至神样的人(god-like person),其自身之存否尚可质疑,因此,人类或者国家,只能可靠地从普通人那里寻得权威,以立言制法。普通人是芸芸众生,因此,启蒙思想家寻找到的这个人类立法者,不再是那个单数的神样的人,而是成了复数的"人们"(persons),而且他们还用一个单数的"人民"(a people)将这个复数的"人们"总括起来,树之为最高的、唯一正当的人类立法者。在这个探寻人类立法者的过程中,一位并非启蒙家的教士马西略发挥了重要的过渡作用。按照施特劳斯的理解,马西略的主张是,"在任何一个共和国中,最根本的政治权威……是人类立法者,也就是人民,全体公民"。因而"立法权应当属于那些凭借自身能力就能够制定出理想法律的人,这只能是全体公民"。进而,人法才是唯一能够被真正称为

---

① 参见柏拉图:《法律篇》,张智仁、何勤华译,孙增霖校,上海人民出版社 2001 年版,第 109 页。

法律的东西,因其立法者是人,而其目的在于为人类自身谋得身体上的福祉。①

如果说马西略类似现代人民主权理论的人类立法者思想是出于反教权目的而"被迫"表达的话,那么一百五十多年之后的马基雅维利基于反神学的抱负而阐述的专制君主为唯一立法者的学说,就不仅使得世俗之人成了唯一合格的立法者,而且使得专制君主命令之外的其他一切规则彻底丧失了法律的品质。霍布斯在一百二十年后接续并完善了马基雅维利的这一主张。尽管霍布斯还在讲自然法的戒律,但他明确提出,"正式来说,所谓法律是有权管辖他人的人所说的话",因此称自然法为法律"是不恰当的"。②霍布斯的此观点,首开了后世"法律就是主权者的命令"这一实证法学立场的端绪。他的这种让主权者握有几乎全部权力的理论,对后世的议会主权观念影响深远。后来,经过斯宾诺莎、洛克等人的论述,不仅上帝为人立法的观念遭到了彻底的否弃,人类立法者成了唯一正当的立法者,而且人类立法者所定法律的目的只能是霍布斯式的"使生命与国家皆得安全"③,"为人民谋福利"④。当斯宾诺莎和洛克出于维护自由的信念而将民主政体视为几乎是最佳政体时,现代人民立法者的观念就呼之欲出了!⑤ 上承马西略、斯宾诺莎和洛克的卢梭完成了人民是唯一的主权者、唯一的立法者这理论上

---

① 参见列奥·施特劳斯:《帕多瓦的马西利乌斯》,载列奥·施特劳斯:《古今自由主义》,马志娟译,江苏人民出版社2010年版,第215—236页。
② 霍布斯:《利维坦》,黎思复、黎廷弼译,杨昌裕校,商务印书馆1985年版,第122页。
③ 斯宾诺莎:《神学政治论》,温锡增译,商务印书馆1963年版,第66页以下。
④ 洛克:《政府论(下篇)》,叶启芳、瞿菊农译,商务印书馆1964年版,第89页。
⑤ 参见斯宾诺莎:《神学政治论》,温锡增译,商务印书馆1963年版,第216—219页;洛克:《政府论(下篇)》,叶启芳、瞿菊农译,商务印书馆1964年版,第80—98页。

的最后一步。① 立法者终于由神而到半神之人、由半神之人而到独裁的君主,最终变成了人民,这是古今立法者身份之变,也是正当政体或最佳政体观念之变的紧要"时刻"——我们或可称之为"卢梭时刻"。

二

人民是唯一的主权者,也应是唯一的立法者,可是,作为集体的人民如何立法?就连创构人民主权理论的卢梭在这一点上也深感为难。"我们不能想象人民无休无止地开大会来讨论公共事务"②,尤其"常常是并不知道自己应该要些什么的盲目的群众……又怎么能亲自来执行像立法体系这样一桩既重大又困难的事业呢?"③摩西或者穆罕默德这样的伟大人物立法自是容易,他们以神道设教、代神明立言颁法即可,无须代表。但人民这样的立法者总是难以持续地制定法律,除非通过人民的代表机构。而卢梭又完全不相信人民能被"代表",也不认为代表机构能享有国家主权并获得立法者的资格,人民的议员"不是也不可能是人民的代表,他们只不过是人民的办事员罢了"④,即便议员制定法律,他们似乎也只不过是"编订法律的人",而编订法律的人"不应该有任何的立法权力"⑤。这是卢梭的理论难题,只不过在实践中,英国代议制彼时已在欧陆产生广泛影响,尤其受到孟德斯鸠等人的大力推崇。因此,到了十八世纪的时候,尽管人们在"谁应操有主权,谁应行使立法

---

① 参见汉娜·阿伦特:《论革命》,陈周旺译,译林出版社 2019 年版,第 181 页。
② 卢梭:《社会契约论》,何兆武译,商务印书馆 1980 年版,第 84 页。
③ 卢梭:《社会契约论》,何兆武译,商务印书馆 1980 年版,第 48 页。
④ 卢梭:《社会契约论》,何兆武译,商务印书馆 1980 年版,第 120 页。
⑤ 卢梭:《社会契约论》,何兆武译,商务印书馆 1980 年版,第 53 页。

权力"这样的问题上还有争议,但代议机构应具有主权者和立法者的身份这一观念,已然产生了极大影响。而且,尽管卢梭反对代议制度,但其人民主权观念却在经过法国大革命之后,愈加与议会制度结合在一起,进一步确定了议会主权即人民主权的观念。人民成为现代立法活动的至高之"神",具有极为重要的理论和实践意义。

由此看来,虽然代议机构在英国历史中出现得早,代议制度实践在欧洲历史中也长,①但将代议机构视为一国人民的代表机构,视为享有至高权力的立法者,却是人民主权观念确立之后的事情。后来,经过欧洲 1848 年的革命运动,到了十九世纪中期,主要处理代议制实践问题的密尔的《代议制政府》一纸风行,为体现人民主权的代议制度确立了更为坚实的基础。在"理想上最好的政府形式是代议制政府"一章的结尾之处,密尔讲过一段很有名的话:

> 显然能够充分满足所有要求的唯一政府是全体人民参加的政府;任何参加,即使是参加最小的公共职务也是有益的;这种参加的范围大小应到处和社会一般进步程度所允许的范围一样;只有容许所有的人在国家主权中都有一份才是可以想望的。但是既然在面积和人口超过一个小市镇的社会里除公共事务的某些极次要的部分外所有的人亲自参加公共事务是不可能的,从而就可得出结论说,一个完善政府的理想类型一定是代议制政府了。②

密尔这里所说的意思是,鉴于直接民主制不可能在现实中实现,因

---

① 参见弗朗索瓦·基佐:《欧洲代议制政府的历史起源》,张清津、袁淑娟译,复旦大学出版社 2016 年版。
② 密尔:《代议制政府》,汪瑄译,商务印书馆 1984 年版,第 55 页。

此只有能够最大程度地体现民主性的代议制政府,才是唯一可能的最佳政府形式。而且,密尔所说的代议制政府,主要就是指作为全体人民之代表的立法机构。其实,早于密尔的《代议制政府》一书十年时间,基佐在他的《欧洲代议制政府的历史起源》中批判卢梭的意志论代表理论时,就将代议制中的代表推上了至高地位,认为他们代表的不是个体的意志,而是公共理性、公共道德,因此代表构成的团体才能体现最高统治权所要求的理性、道德、真理和正义,也因此,代议机构才能享有最高的立法之权。①

三

既然代议机构理所当然地享有了最高立法权力,成了事实上的立法者,那么,这种在现代人看来来之不易的机构,又应该立出什么样的法律?换言之,某些启蒙思想家将立法者由专制君主替换成代表人民的代议机构,目的是想让它制定什么样的法律?

中世纪的英格兰议会对后世代议制理论和实践产生了深远影响,孟德斯鸠对英格兰中世纪形成的这一传统深表赞赏,他的理由在于,因为这种制度有助于实现人民的"自由"——自由在孟德斯鸠眼里是好政治的主要标准。"世界上还有一个国家,它的政制的直接目的就是政治自由。"②英格兰这个国家不仅以政治自由为其立国目的,而且在光荣革命后还设计出了颇让孟德斯鸠赞叹的权力分立和制衡制度来实现政治自由。孟德斯鸠进而论述道,自由之国的"每个人都被认为具有自由的

---

① 参见弗朗索瓦·基佐:《欧洲代议制政府的历史起源》,张清津、袁淑娟译,复旦大学出版社2016年版,第300—313页。
② 孟德斯鸠:《论法的精神》,张雁深译,商务印书馆1961年版,第155页。

精神",都应该自治,"所以立法权应该由人民集体享有",但这在实际上又很难做到,"因此人民必须通过他们的代表来做一切他们自己所不能做的事情"。① 由此看来,将代议机构视为卢梭主权在民意义上的最高立法机关,或许孟德斯鸠尚不具此意,但立法权从根本上说应由人民集体享有而且立法的目的应为实现人民的自由,则是两个人的共同看法。

那么,促进和保护自由应是现代代议机构立法的唯一目的吗?不是!

密尔认为,历史上曾经存在专制君主和专断权力,有时也被用作猛药来消除国家的弊病,但是,只有当专制权力被用来"消除妨害民族享有自由的障碍时才是可以原谅的"②。也就是说,只有在人民的自由受到威胁而有丧失的危险时,专制权力才可以作为恢复自由的临时手段而被使用。在常态下,对于维护自由来说,平民政府无疑才是最佳的手段。而且,平民政府不仅有利于实现自由,还能促进民族性格的健康发展和进步,进而使国家达至普遍繁荣之境。"一切自由社会,比之任何其他社会,或者比自由社会在丧失自由以后,既更能免除社会的不公正和犯罪,又可达到更辉煌的繁荣。……自由国家的较高的繁荣明显得无法否认。"③原来如此!平民-代议制政府、自由社会、公正秩序、繁荣昌盛,是具有密切关联的事物。由此可以看到,孟德斯鸠、密尔等人论证代议制政府的正当性,是与论证国家和法律所欲实现的新目的——自由、公正、繁荣——连在一起的。当国家和法律所欲达至的目的经过启蒙思想家的不懈论述和宣传发生了根本变化时,能够建立起这样的新国家、能够制定出这样的新法律的政府形式也就必须发生根本变化,

---

① 孟德斯鸠:《论法的精神》,张雁深译,商务印书馆1961年版,第158页。
② 密尔:《代议制政府》,汪瑄译,商务印书馆1984年版,第43页。
③ 密尔:《代议制政府》,汪瑄译,商务印书馆1984年版,第46页。

这就是从君主制向民主制的转变,从君主一人立法向民众全体立法的转变——由于民众全体立法在实践操作中的困难,代议制政府形式和代议制立法于是就有了唯一的正当性。而且,原来"像一个弓箭手那样始终瞄准唯一的目标"的法律,所瞄准的那个唯一目标是美德,所以法律才须由神明自身或半神之人来制定,当法律的目标成为自由的公正,尤其是繁荣的"共富"(commonwelth),所以,立法者也就必须变成代表全体民众之想望(desires)的代议机构。国家和法律在根本目标上的古今之变,带来了国家治理方式、立法者和立法方式上的彻底改变!

四

可是,代议制终究不是全民民主,代议机构在制定法律时也不易常能听取人民的意见。如果人民选出的代表是精英还好(熊彼特的精英民主理论),因为精英毕竟代表着更高的理性和美德。但若人民选出的少数代表僭取人民的至高政治地位,篡夺人民的利益,限制人民的自由,那该怎么办?因此,直到今日仍然有人认为:"代议制事实上具备某些民主特征。但其寡头特征也是不容置疑的……(因此)代议制政府的制度安排是民主属性和非民主属性的组合。"① 因此,代议制度"在创始之初被视作民主的对立物"可能是更有道理的,而在今天"被视为民主的表现形式之一"很有可能也是成问题的。② 但是,毕竟我们可以通过更合理的制度设计来逐步改善代议制和代议机构立法所存在的问题,

---

① 伯纳德·曼宁:《代议制政府的原则》,史春玉译,中国社会科学出版社 2019 年版,第 215 页。
② 伯纳德·曼宁:《代议制政府的原则》,史春玉译,中国社会科学出版社 2019 年版,第 214 页。

因此达尔的看法还只是对代议机构立法所做的一般性批判,尚不致毁掉其根基。而二十世纪的另外两位政治立场迥异的思想家对代议制或议会民主制所做的批判,则让我们对代议机构立法的常态做法,甚至对人民主权理念本身也会产生深刻的疑虑。

第一个就是自由主义大师哈耶克。他认为人类社会自有其规律(法律),而人类按照自己的意志进行人为立法,有时固然有大大增强人类力量之功,但更多的时候却会带来糟糕的后果甚至灾难,因此他说:"立法这种发明赋予了人类一种威力无比的工具——它是人类为了实现某种善所需要的工具,但是人类却还没有学会控制它,并确保它不产生大恶。"①哈耶克引述别人的话说,得到人民主权观念加持的代议机构运用技艺来立法,更是一种现代的"发明,可能会产生某种严重的后果,与火的发现或火药的发明所具有的那种严重后果一样"②。因此,哈耶克坚决反对"法律乃是主权者的命令……一切法律都必须由正当选举产生的人民代表制定"这一观点,③因为这种观点极易导致一种普遍的信念,即"所有的法律都是,都能够是,也都应当是立法者随心所欲发明的产物"④。具体到代议制中,这种观点和信念假定人民可以"一起行动",而且人民一起行动时"在道德上也要比个人采取单独行动更可取"⑤,进一步地,它又推定人民的代议机构是全知全能的,并因此而享

---

① 弗里德利希·冯·哈耶克:《法律、立法与自由》(第一卷),邓正来等译,中国大百科全书出版社2022年版,第182页。
② 弗里德利希·冯·哈耶克:《法律、立法与自由》(第一卷),中国大百科全书出版社2022年版,第210—211页。
③ 参见弗里德利希·冯·哈耶克:《自由秩序原理》(上),邓正来译,生活·读书·新知三联书店1997年版,第377页。
④ 弗里德利希·冯·哈耶克:《法律、立法与自由》(第一卷),中国大百科全书出版社2022年版,第184页。
⑤ 弗里德利希·冯·哈耶克:《法律、立法与自由》(第三卷),中国大百科全书出版社2022年版,第62页。

有不受限制的主权(unlimited sovereignty),可以随心所欲地制定一切法律。在哈耶克看来,这种观念只不过是现代人的臆想。

哈耶克提醒人们要警惕这种观念:最高立法者的意志就是法律,只有最高立法者的意志才是法律。原因在于,作为最高立法者的代议机构据此观念制定的法律极有可能侵犯人的自由。但这还不是最为糟糕的事情。当随着行政事务越来越多而民选议会过多承担了政府治理的任务时,议会的主要事务就会变成帮助国家机器能够正常有序地运转,这在哈耶克看来才是糟糕透顶之事。即便我们承认议会是最高立法者,这种改变议会和议员性质,让议会为行政机关背书,让政治决定立法的实践,会使立法机构将其真正的立法任务彻底抛弃,会使议会和议员不关注立法而关注政府治理任务,会使得议会和议员不能再代表普遍利益,而会趋向"变成他们各自选民利益的代言人"。①

政治治理任务的主要特征是命令的即时化,而非法律的恒稳性。洛克说:"谁拥有立法权或最高权力,谁就有义务根据既已确立的、向全国人民颁布周知的、长期有效的法律来实行统治,而不得以即时性的命令来实行统治。"哈耶克据此认为,洛克眼里的立法机构成立的目的是制定法律以捍卫、保障社会成员的权利和自由,限制任何社会成员尤其是任何机构的权力和支配权。而现代代议机构立法权的政治化在很大程度上可以使之堕落成专断、绝对的权力,更要命的是,这种专断和绝对的立法权在这时其实只不过成了政治性权力的附庸。②哈耶克最终对现代立法事业提出警示说:"真正的立法从根本上说是一项需要远见

---

① 弗里德利希·冯·哈耶克:《法律、立法与自由》(第一卷),中国大百科全书出版社 2022 年版,第 51 页。
② 参见弗里德利希·冯·哈耶克:《自由秩序原理》(上),邓正来译,生活·读书·新知三联书店 1997 年版,第 214—215 页。

的任务……立法必须是一项持续不断的任务,亦即一项必须持之不懈地以渐进方式去努力改进法律并使之与新情势相适应的任务。"①但这种新情势,却绝不应是政治性权力"创造"出来的。

施米特作为二十世纪的一个非自由主义者甚至反自由主义者,对议会立法从另一个方向上提出了深刻的批判。他像哈耶克一样认为,议会的愈加政治化和行政化是一个现实——"今天,议会主义是作为执政方法和政治体制而存在的"②。而这种现实在他看来是现代大众民主愈加发展的后果。因为大众民主愈是发展,议会这样的立法机构就愈是成为一种"商议和协调"机构,而离其"说服对手相信一种正确做法或者真理"的机构性质愈远,③于是卢梭式的"公意"也就愈加不可能从议会中产生出来,而正确的法律因之也就愈加不可能从议会中制定出来。当"议会从拥有明确真理的机构变成一种单纯的实际操作工具"时,"某种工艺流程"就成了它展示自身存在的最重要的东西。"于是,议会便走到了尽头。"④而且,当议会立法越来越为党派性的委员会操控时,"议会就变成了一个官署",而不再是一个"在公开辩论的基础上作出决断的场所了"。⑤ 于是,议会作为立法机构的正当性基础也便深遭侵蚀。施米特早在作于1923年的《当今议会制的思想史

---

① 弗里德利希·冯·哈耶克:《立法、法律与自由》(第三卷),邓正来等译,中国大百科全书出版社2022年版,第64页。
② 卡尔·施米特:《议会主义与现代大众民主的对立》,载卡尔·施米特:《论断与概念:在与魏玛、日内瓦、凡尔赛的斗争中(1923—1939)》,朱雁冰译,上海人民出版社2006年版,第49页。
③ 卡尔·施米特:《议会主义与现代大众民主的对立》,载卡尔·施米特:《论断与概念:在与魏玛、日内瓦、凡尔赛的斗争中(1923—1939)》,朱雁冰译,上海人民出版社2006年版,第49页。
④ 卡尔·施米特:《议会主义与现代大众民主的对立》,载卡尔·施米特:《论断与概念:在与魏玛、日内瓦、凡尔赛的斗争中(1923—1939)》,朱雁冰译,上海人民出版社2006年版,第53页。
⑤ 参见卡尔·施米特:《宪法学说》,刘锋译,上海人民出版社2005年版,第342页。

状况》"导言"中就说过:

> 比例代表制和党派代表式选票的制度,破坏了选民与议员之间的关系,使结帮拉派成了议会中不可缺少的统治手段,使所谓的代表原则成了无稽之谈。此外,真正的事务不是出现在全体参加的公开会议上,而是出现在委员会里,甚至不一定出现在议会的委员会里;重大决策是在宗派领袖的秘密会议甚至议会外的委员会做出的……这样一来,整个议会制度最终变成了一件掩盖党派统治和经济利益的可怜外衣。①

当议会的立法不得不越来越"跟委员会甚至越来越小的委员会合作"时,作为人民代表机构的议会整体,就变成了"一种纯粹的门面",议会在此意义上也就丧失了其"自身的理(ratio)"。②

更糟糕的还不止于此。在施米特看来,应将辩论作为其根本活动方式的议会,不仅对自身的这一根本之"理"不再坚持,而且它自己也越来越认为不可能通过公开辩论获得绝对意义上的真理和正确,它认为通过辩论能够获得部分相对真理已经是不错的了。这样,议会就"从一种其正确性不言自明的制度变成了一种单纯实用的技术性手段",于是,"议会也就完结了"。③

这样的议会制定出来的法律,毫不尊贵,也无庄严。因为法律应该

---

① 卡尔·施米特:《当今议会制的思想史状况》,载卡尔·施米特:《政治的浪漫派》,冯克利、刘锋译,上海人民出版社2004年版,第173页。
② 参见卡尔·施米特:《当今议会制的思想史状况》,载卡尔·施米特:《政治的浪漫派》,冯克利、刘锋译,上海人民出版社2004年版,第200页。
③ 参见卡尔·施米特:《当今议会制的思想史状况》,载卡尔·施米特:《政治的浪漫派》,冯克利、刘锋译,上海人民出版社2004年版,第164页。

是"与纯粹的权威(Autorias)相对的真理(Veritas)……与单纯的具体命令相对的普遍正确的规范"①,若现代法律只能从议会获得一个权威的外壳而不能从中获得真理品质,那么,我们还要议会制度干什么呢?在施米特看来,这样一种议会制理念,摧毁了卢梭式"自身同质的"人民保障其意志的正义和理性的"所有属性",而只让议会成了一个个人利益的协调场域,从中只能产生价值中立的、功能主义-形式的法律。由此,施米特说,布尔什维克主义对现代议会制的批判,才有其甚大的合理性,而马克思主义思想中的专政理念,也才在某种程度上具有了道德上的正当性。② 施米特引用托洛茨基的话说:"相对真理的意识绝不可能赋予人们运用暴力和流血牺牲的勇气。"③因为只有一个以追求绝对真理和永恒正义的法律为目标的议会,才能树立起"立法的尊严"!

五

柏克说过,认为"法律从制定它的机构中便能够获致权威而与制定者的品质无关",是一种威胁人类社会的秩序和和谐、安全和幸福的极大谬误。④ 我们从哈耶克、施米特等二十世纪思想家对议会立法的反思和批判那里,仍然可以听到柏克此种观念的回声。所以,立法者到底应该是谁、立法者应该制定什么样的法律、如何保证立法者制定良好的法

---

① 卡尔·施米特:《当今议会制的思想史状况》,载卡尔·施米特:《政治的浪漫派》,冯克利、刘峰译,上海人民出版社2004年版,第195页。
② 参见卡尔·施米特:《当今议会制的思想史状况》,载卡尔·施米特:《政治的浪漫派》,冯克利、刘峰译,上海人民出版社2004年版,第200页及以下。
③ 卡尔·施米特:《当今议会制的思想史状况》,载卡尔·施米特:《政治的浪漫派》,冯克利、刘峰译,上海人民出版社2004年版,第210页。
④ 参见弗里德利希·冯·哈耶克:《自由秩序原理》(上),邓正来译,生活·读书·新知三联书店1997年版,第378页。

律等等这些问题，既是古人的问题，同样也是启蒙以来的现代立法理论所关注的问题。也可以说，这些基本问题，是一代代思想家论述立法的经典著作不断重新提出而且持久为后世心怀天下者所深思的问题。今日自不例外，也不应例外！

然而，代议机构自卢梭之后在实践中已经成为人民主权代表机构而能代表人民制定法律，且其制定的法律之目的和方向已然确定，那么对今日的我们来说，上述立法的诸基本问题似乎就只剩下了一个，那就是不断探索代议机构制定法律的正确方式，精心设计立法程序并将之确定为制度性的过程，以保证法律"来自人民、为了人民"的品质。由此，现代的立法学也就从根本上与柏拉图式的、亚里士多德式的古典立法学区分开来，①它无须再承担寻找立法者的任务，也不再承担探究制定何种性质、什么种类的法律的任务，而主要成了寻找和建构合理的立法过程的学问。正因如此，十九世纪后期尤其是二十世纪以来，关于立法过程的学术研究、制度设计之类的著作，遂多如过江之鲫，不可胜数。这些关于议会立法过程乃至议会议事规则的著作，对于人民主权理论已然确立起来的二十世纪来说，确实具有不小的意义，因为人民的法律在很大程度上确需由此合理的过程和精确的程序规则产生出来。

然而，如果我们的眼光仅仅停留在对这些程序性原理和细则的研究之上，而放弃对现代立法基础理论的持续性反思，恐有深陷技术泥潭之虞。而要反思现代立法的问题和现代立法研究的方向，不将视野扩展到整个现代立法理论的奠基时代甚至古代立法理论的形成时期，恐怕也不易真正深入。因此我们才不厌其烦地追溯立法理论的古今变化

---

① 参见赵雪纲：《亚里士多德论立法学》，《中国社会科学报》2021年4月28日；另参见林志猛编：《立法与德性：柏拉图〈法义〉发微》，张清江、林志猛等译，华夏出版社2019年版。

总　序

过程，以期凸显古今立法思想家在立法者、立法目的、立法方式等问题上持有的有时相似、有时迥异的看法，从而为我们思考今日世界的重大立法问题提供一孔之见。也是因此之故，我们才组织编译了这套"立法学经典译丛"，以图稍稍展现这些问题的基本脉络，从而推动关注今日中国乃至世界立法的人们进一步思考现代立法的种种问题。在我们组织移译的八部著作中，哈林顿的《立法的技艺》和边沁的《立法理论》，就其作者、创作年代和后世影响来看当之无愧已成"经典"；而其他六部仍属当代专家探研现代立法理论、考究议会立法过程和立法技术的出色著作，它们能否成为立法学研究的"经典"，尚待来日评判。但是，就我们切欲唤起研究者和立法者研读立法学经典著作的兴趣这一大愿而言，总称其为"经典"，实亦恰当！

感谢中国政法大学法学院——尤其是焦洪昌和薛小建两位先生——对立法学研究工作的一贯支持，正是法学院提供的学术资助才使本译丛的出版成为可能；对于侯淑雯先生和各位译者，我们也要奉上真诚的敬意，并对他们付出的辛劳致以谢忱！

赵雪纲

二〇二二年九月十八日

目 录

立法中的理性
——立法法理学简介/温特根斯 …………………………………… 1
立法法理学：将立法作为法律理论研究的对象/温特根斯 ………… 10
通过立法构建社会/埃里克森 …………………………………………… 53
社会学视角中的立法理性/皮蒂拉 …………………………………… 61
立法膨胀与法律的质量/恩格尔 ……………………………………… 79
规则的可预见性和原则的灵活性
——意识形态多元主义与正当性问题/达尔曼 ………………… 97
欧洲法律传统中国家的概念和制度/托洛宁 ………………………… 104
政治和法律之间的立法/图奥里 ……………………………………… 118
立法法理学与欧盟法：探寻欧洲立法的原则/维霍文 ……………… 129
运用信息学实现立法的理性/沃尔曼斯 ……………………………… 151
立法评估的论坛模式/温特 …………………………………………… 165

立法中的理性
——立法法理学简介

温特根斯(Luc J. Wintgens)

有关欧洲国家立法数量和质量的抱怨引出了这个问题：立法者和法律理论的结合是否有助于明确并解决这一问题？实际上，尽管怨声载道，但解决办法尚不明朗。立法一直被认为是一个政治问题，而政治是不理性的。政治是权力的博弈，博弈的妥协决定了立法或法律的结构。此种权力博弈有其自身的逻辑，且在大部分时候，其结果远超出任何逻辑形式。

相反，至少从政治学的视角来看，法律理论被认为是一种解决法律问题的"理论方法"。法律理论推动了现行有效法律的描述和系统化。像密涅瓦之猫头鹰(Minerva's owl)一样，法律理论在立法活动的太阳落山后方现身。从此立场看，法律理论有效地涉足立法或规则制定程序（换句话说就是，规则制定之前或之中）的希望不大。因此，法律理论被定义为"法律科学"或"法律教义学"。

数年前，我曾建议从另外的角度考虑立法的问题。[①] 其前提是，虽

[①] 温特根斯：《立法法理学视角下的法律制定与适用：法官和立法者视角的观察》(L. J. Wintgens, "Creation and Application of Law from a Legisprudential Perspective: Some Observation on the Point of View of the Judge and the Legislator", in A. Aarnio et al. eds., *Justice, Morality and Society: A Tribute to Aleksander Peczenik on the Occasion of His 60th Birthday on 16 November 1997*, Juristförtlaget i Lund, Lund, 1997)，第469—489页。

然立法和规则制定都是一个政治过程的结果,但都能作为理论研究的对象。例如,凯尔森(Hans Kelsen)在其法律理论中的分析,[①]其主要的思想不是集中于规范和概念的内容,而是集中于法律体系的结构和功能。在此方法中,关注的是各法律体系的共性问题,而不是其特性(即特定法律体系的特有概念内容),更不是集中于规范如何制定。当然,凯尔森的方法使得立法和规则制定(除其形式的有效性外)均未纳入研究范围。因为这依赖于价值判断,而他认为价值判断不适于理论研究。简言之,法律规则的制定是政治问题,且政治不适于科学研究。

这种立场是可以理解的,但仅具有部分可接受性。规则制定是选择的问题,且这种选择被正当化是基于规则制定过程的民主特征,而不是建立在一种有关价值的科学上。换句话说,如果有人试图将立法纳入任何性质的科学框架内,我们将面对某种如马克思主义所宣扬的"科学的政治学"。基于某些理由,这是不可接受的。

另一种立场就是,从法律理论的角度研究立法问题。我将此方法称为立法法理学,[②]立法法理学运用的也是法律理论的理论工具和知识。法律理论主要处理法官适用法律的问题。立法法理学将其研究范围扩大至包括立法者制定法律在内。

在这一新方法中,我们将提出一系列新的问题(包括规范的有效性、规范的含义和法律体系的结构)。这些新问题以往都是从法官的视角处理的,且经典法律理论认为这理所当然。然而,通过将注意力转向立法者,提出了同样的诸多问题,如立法者在何种意义上将法律秩序的

---

① 《国际法学理论杂志》(*Revue Internationale de la theorie du droit*),1926—1927年,第1—3页。
② 温特根斯:《创建立法法理学的基础》(L. J. Wintgens, "La création d'une banque de donnees en légisprudence", in *Gesetzgebung Heute*, 1992),第91—94页。

系统性纳入考量,一个有效的规范取决于什么,决定法律条文的何种含义以及如何决定其含义,不胜枚举。

传统法律理论在主权的外衣下讨论过诸多此类问题。作为主权者,立法者决定什么是有效的规范及其意义为何。规范是否(以及如何)与体系一致则是解释的问题,而这是法官和法律科学家的任务。此外,立法和立法领域的活动不适于进行理论探讨。法条主义进行了数十年的法律推理研究,在此基础上形成的法律理论主流观点实际上已经不允许质疑立法者的立场。立法涉及的一切问题都在主权的幕布后进行,而在实施法律时,一切却又都在合法律性(legality)的幕布后发生。这些幕布后隐藏了大量的无知。这些无知都关乎对规则制定进行理论反思的可能性。主权概念实际上导致对可选择性的缄默,因此成为"缄默的主权"。

除二元体制外,统治者的主权禁止对其规则的质疑。有效性(validity)就是一个很好的例子。唯一值得提出的问题就是,某个特定提议的内容是否为有效的规则——是或否。而其效力、实效或可接受性则毋庸置疑。立法法理学认为这些问题非常重要,且可以借助法律理论加以研究。在本书所收入的我的论文中,我将阐述和说明这一点。

1998年8月,此动机引发学界组织了第四届比荷卢-斯堪的纳维亚法律理论研讨会。在安特卫普省有关法律理论实用性的研讨会(1982)、乌普萨拉省有关法律结构的研讨会(1985)和阿姆斯特丹省有关法律的融贯性与冲突的研讨会(1991)顺利举行后,探讨法律理论和立法的交叉研究(简言之,立法法理学)的时机到了。这成为上述第四届研讨会的主题。此次研讨会提交的主要论文都收录在本书中。我想简要介绍、勾勒出这些论文的主要思想,以便让读者对本书接下来的内容有大致了解。

埃里克森(Lars Eriksson)的论文《通过立法构建社会》(Making Society through Legislation)以此观点开始,即理性决策要求我们在某种方式上意识到决策的后果。对律师(lawyers)而言,理性更多时候意味着"一致性和融贯性"。埃里克森认为,立法法理学必须面对作为决策方式之一的立法的可预见性。他的核心主题就是:在论及立法时,福利主义应受到批评,原因在于规则制定者大部分时候并未预见到立法决策的后果。换句话说,他认为福利国家是自由主义的彻底实现。如果福利主义曾有克服自由主义的野心,那也是失败的。他认为,福利权利和自由权利(提出诉求的权利)具有同样的功效,并和自由权利遵循同样的逻辑。因为其与后者一样都有"纵向的"一面。因此,福利主义掏空了其所具有的传统的横向关系内涵。

埃里克森认为,这种分析能在以下方面对立法法理学有所助益:立法不可避免地是其所实现的概念架构的产物。这一架构中的概念阻止了某些特定后果的实现(即便这些后果是想要实现的)。因此,立法法理学包括这样的思想:立法者应当在仔细分析其决策后果的基础上得出结论,以尽可能避免那些不想要的和不需要的后果。

皮蒂拉(Kauko Pietilä)的论文题为《社会学视角中的立法理性》(Rationality of Legislation in a Sociological View)。通过引述康德的话,他认为人类的尊严包括了这一信仰:人们仅遵守其曾参与制定的法律,不论是通过民主代表还是通过利益代理人的方式参与。从韦伯(Max Weber)的普遍理性化视角分析代议制民主,他提出了通过利益代理人立法是否理性这一问题。皮蒂拉认为利益代理人不再是代表,这种立法是在没有民众参与的情况下制定的。因此,一个理性的人不必自愿遵守它,因为此时人仅仅是一种对价,而不再有任何康德意义上的尊严。和埃里克森一样,皮蒂拉也坚持立法决策后果的可预测性。

和卢梭一样,皮蒂拉将利益代理人看成对公意的破坏,公意被分割成不同的具体意志。作者认为,如果我们想在任何意义上讨论代理,我们必须意识到这一事实:利益代理人导致裂缝的形成,这种裂缝不是在社会中产生的,而是形成于作为一方的议会(和其欲代表的人民)与作为相对方的政府和公务员之间。如果双方能互动,这将产生与底层民众自身互动的一样的效果。如果发生此情形,我们甚至能看到真正的自我立法和自治政府,目标就是实现公意。

恩格尔(Svein Eng)提交了题为《立法膨胀与法律的质量》(Legislative Inflation and the Quality of Law)的论文,在该文中,他强调了立法的数量与其质量之间是否有关系的问题。他的主张之一就是,有缺陷的立法仅是大部分立法体系中立法数量增加的诸多原因之一。而实质缺陷的立法是立法大量增加的重要原因。恩格尔将立法问题转换为其他术语。他质问道:是否有立法替代技术(如谈判和私有化)?其动因是什么?他认为,立法的政治和道德层面已经失去动因,相反,手段-目的层面则有最强动因。基于此,恩格尔的分析表明,有技术缺陷的立法似乎是立法膨胀的重要因素。

他在论文中的结论是,解决"好的"立法的核心问题在于,精确定位新情况以及立法要解决的问题所在。

与埃里克森、皮蒂拉相似,达尔曼(Christian Dahlman)在他的题为《规则的可预见性和原则的灵活性——意识形态多元主义与正当性问题》(Predictable Rules and Flexible Principles—The Problem of Ideological Pluralism and Legitimacy)的论文中提及了法律规则的可预见性,并将其与法律的可接受性联系起来。他认为,法律的多元主义特征反映了三种不同的意识形态的竞争:风险分担、财富最大化和最低限度的安全。在规范制定过程中对这三者的衡量是借助正当性(换而言之,即可预见性和可接受性)做出的。

根据作者的看法,意识形态一元化更倾向于可预见性,但有损于法律的可接受性。相反,规则和原则的多元主义方法可以避免此缺陷。一般而言,规则比原则更能促进正当性,尽管前者比后者更缺乏灵活性。如果过于依赖规则,则会缩减平等的范围。作者主张的中间道路就是把规则和原则结合起来以形成某种融贯性,而这种融贯性将优于使法律在意识形态上均质化。

在其题为《欧洲法律传统中国家的概念和制度》(Concept and Institution of the State in the European Legal Tradition)的论文中,托洛宁(Hannu Tolonen)区分了作为法律来源的国家和作为公共法律关系基础的国家。他的论文主要是论述后者。托洛宁的第一个观点是,法律是多面向的社会和文化现象。他的分析建立在三重历史区分的基础上,这种区分与历史上国家的任务相关。

封建国家和社会具有等级特征,关注的是和平与安宁的维持,并且与君主政权(regimen regale)和"国王的两个身体"理论相关。官僚国家,或现代公共权力,与主权和"法治国家"(Rechtsstaat)相关,强调的是国家的建构性特征。最后,福利和后福利国家概念力图以干预主义者的方式满足其所有成员的基本需求。后一概念包含一种对过度强调市场机制的好处的批评。这一点能和恩格尔的有关市场不可能产生道德欲求的(morally desirable)或最佳的结果的批评联系起来。和恩格尔一样,托洛宁强调此事实:在多数后福利国家的理念中,自我规制的社会机制已经取代了国家干预主义者的法律活动。

托洛宁认为国家不论是在道德上抑或在社会上都不是万能的。他的观点是,法律的程序概念,比把法律与其社会和道德因素联系起来更有价值。此外,他批评了国家中的权力统一,并提出利用私人的或准公共的方法形成一种新的方式来组织权力,而不是直接的公共干预和立法。

图奥里(Kaarlo Tuori)提交了《政治和法律之间的立法》(Legislation between Politics and Law)的论文,在该文中,他讨论的问题是法律理论,具体而言是作为法律理论新分支的立法法理学如何使立法程序更加理性。他在法律规范和法律实践之间做了区分。作为政治实践的立法并非法律实践,除涉及规范的形式之外。简言之,立法是两类实践的结合,且侧重其政治性。

图奥里的主题是必须在法律的不同层面上做出区分。法律作为一种法秩序,其系统性不是由立法产生的。相反,图奥里认为立法在更多时候是无序的,而非有序的。图奥里主张立法是法律秩序的表层,法律秩序是通过司法判决和法律科学而得以系统化的。这也是原则的产生方式。法律秩序在这一深层次上和道德相关联,但并不与道德等同。在法律和政治的关系上也是如此。它们在表面上相关联,而在深层次上仍是自治的。

图奥里主张立法通过法律实践(法律科学和司法判决)从"尚未成为法律"转变成"已经是法律"。立法的理性不能以司法判决和法律科学的理性为标准来评估。立法的理性问题甚至与单个制定法无关。最后,将立法融入法律秩序的整体还涉及其他因素。这些因素与伴随着立法活动的目的理性无关。正是通过这种融合,法律朝着与政治抗衡的自治道路演进。

维霍文(Amaryllis Verhoeven)的论文《立法法理学与欧盟法:探寻欧洲立法的原则》(Legisprudence and European Law: In Search of Principles of European Legislation)开篇即指出欧洲法律制定的多中心特点,规制行为、主体和程序的多元性,欧洲宪法为它们设定了原则和规范。她对于制度和规制框架的分析,通过探寻良好立法的原则(说明理由原则、法律确定性原则和做出知情选择的义务)得到补充。

她接着批判了欧盟规则制定的监管模式、政府间模式和议会模式。她认为第一种和第二种模式是有缺陷的,因为它们未考虑到欧盟的政治属性,且缺乏民主正当性。第三种是最具影响力的模式,将欧盟视为政治实体或认为法律制定是其重要内容。维霍文认为,尽管其最有影响力,但在欧洲范围内建立传统权力机构将有助于提高所需的民主正当性的希望很渺茫。她认为,国家议会在欧盟层面毫无意义,原因在于欧洲议会的规模、代表的虚假性和同质性,以及与主权的关系都不同。

维霍文的替代方案依赖于哈贝马斯(Habermas)的程序和审议模式。她认为此模式非常适合解释和论证欧洲范围的规范制定。它比议会民主既要求更少,又要求更多:在缺乏国家运作的意义上要求更少,要求更多乃因其需要积极的公民。根据此模式,主权将转换成"主体间性",而宪法被认为是有关权利和程序的一系列基本规则。宪法中的司法审查被当作一种边界控制手段,或一种民主程序边界之外的控制手段。换句话说,法官控制着对民主游戏规则是否被遵守的判断。这不依赖于一种二元的或法条主义的路径,相反却包含一种宪政维度的制约与平衡。

沃尔曼斯(Wim Voermans)试图回答这个问题:在立法程序中运用信息学能否提高立法的理性?他的论文《运用信息学实现立法的理性》(Rationality in Legislation by Using Informatics)呼吁运用信息学。

目前有两种运用信息学的方法。第一种是信息导向方法,此方法提供立法程序中所需的信息;第二种是人工智能方法,该系统能根据其获得的信息合理解决问题。沃尔曼斯认为后一种方法尚未得到充分发展,尽管已经能运用到为立法起草提供 IT 工具之中。

沃尔曼斯研发了"立法设计和咨询系统"(Legislative Design and Advisory system, LEDA)。该系统使用了根据《荷兰条例制定指南》(以下简称《指南》——译者注)制定的清单。温特(Heinrich Winter)在其论文中也提到了该《指南》。沃尔曼斯认为,立法是一种开放的决策程序,包括的不仅是单纯的法律知识。它建立在最好的论辩方法上。LEDA系统将此方法概念化、模型化和形式化。

由于缺乏对立法质量的具体定义,因此必须按照已经确立的标准开展工作,比如荷兰政府的《指南》。沃尔曼斯分析了《指南》的部分要求,并将其纳入了LEDA系统。该系统旨在与《指南》相一致,并将其转换成计算机的语言,从而使其更易理解。该LEDA系统是超文本网络,适用于不同类型的浏览器和该系统内不同类型的工作模式。该论文解释了该系统的特征。荷兰的立法实践显示,该系统是一个实用的工具,已经为大量法律起草机构所使用。

立法评估是温特的论文《立法评估的论坛模式》(The Forum Model in Evaluation of Legislation)的主题。他注意到当评估变得流行时,重要的问题是评估能做什么。具体而言,他指出由于评估质量的多样化,评估自身也需要被评估。

在提供了荷兰评估实践的一些数据后,他提出自己的主题:在特定情境下,立法评估有助于改进立法。对评估的评估或立法的元评估(meta-evaluation)处理两类问题:科学方法的正确使用和评估结果在多大程度上能运用于法律的修订。评估领域的基本问题就是知道立法质量的含义。众所周知,荷兰的评估实践主要是基于沃尔曼斯有关政府对良好行政的指南这一贡献所做出的,主要关注的是立法的影响及其起草质量。

温特提出了一种对评估进行评估的新架构,它建立在论辩的和沟通的模式上。他认为,在能够获得更多更好的有关法律运行环境的可靠信息时,立法质量将会提高。因此,立法修订的质量取决于修订前评估的质量。他的结论之一就是:高质量的评估基于其理智化和祛魅化的作用,非常有助于改进立法,因为它们减少了策略行为。

立法法理学:将立法作为法律理论研究的对象[*]

温特根斯(Luc J. Wintgens)

一、引 言

自 1973 年诺尔(Noll)的《法律学说》(Gesetzgebungslehre)[①]一书出版以来,对立法现象的科学研究受到更多关注。诺尔注意到,此前的法律理论似乎只关注司法,[②]几乎完全忽略立法。[③] 法律科学一般限于诺尔所称的一门关于规则适用的科学(Rechtsprechungswissenschaft),关注的是法官们完成规则适用的任务。立法者的创制法律活动则未被纳入

---

[*] 本文初次发表于《法律理论》(Rechtstheorie),1999 年,第 11—46 页。
[①] 诺尔:《法律学说》(P. Noll, Gesetzgebungslehre, Rowohlt, Reinbek, 1973),第 314 页。
[②] 同上,第 29 页;诺尔:《从司法学到立法科学》("Von der Rechtssprechungswissenschaft zur Gesetzgebungswissenschaft", Jahrbuch für Rechtssoziologie und Rechtstheorie, Vol. 2, 1971),第 523 页及以下诸页;迈霍菲尔:《作为法学基础学科的法理学》(W. Maihofer, "Rechtstheorie als Basisdisziplin der Jurisprudenz", Jahrbuch für Rechtssoziologie und Rechtstheorie, Vol. 3, 1972),第 66 页;马德尔:《立法评估:对于立法效果的实证评估》(L. Mader, L'évaluation législative. Pour une analyse empirique des effets de la législation, Payot, Lausanne, 1985),第 12 页。
[③] 然而这一事实在兰蒂斯(J. Landis)的《制定法和法律的来源》("Statutes and the Sources of Law", in Havard Legal Essays Written in Honor and Presented to Joseph Henry Beale and Samuel Williston, Harvard University Press, Cambridge, Mass, 1934, p. 230)一文中也被注意到:"立法和司法的互动一直主要从法律解释的角度分析。立法的功能……几乎一直被忽视。"

视野。然而,他认为法官和立法者在很多方面是相同的。①

司法裁决基础的合法原则,以及法官适用法律规则时缺乏自由,从某个角度看,都与立法者的主权有关。立法者在创制规则时享有很大的决策自主权。

由于(在法治的自由民主国家中)法律在自然法意义上的正当化的缺位,法官的地位至关重要。因此,对法律的研究(这里并非指法律教义学——从适用的角度对现行法律加以描述和系统化)显得多余或不可能。将法律科学缩限为规则司法适用的科学,诺尔对此常表惋惜。②

在本文中,我们将分析此法律科学背后的预设。具体而言,我想探究,当我们从规则适用和规则制定的关系入手时,能否获得一种为良好立法设定标准的立法理论。在开始分析前,应当注意,我们将关注的不是合法律的(legistic)标准,即立法的形式(form)标准。目标在于建立一种理论方法,该理论方法能够解释为何对立法进行反思的理论是有所缺失的,并为立法理论研究或立法法理学(legisprudence)提供一些建议。

二、立法理论(立法法理学)的缺失

立法法理学是从理论的和实践的视角研究立法的一个法律理论分

---

① 诺尔:《法律学说》,第48页;诺尔:《立法与法律适用的一般关系》(Zusammenhänge zwischen Rechtssetzung und Rechtsanwendung in allgemeiner Sicht, in Probleme der Rechtssetzung. Referate zum Schweizerischen Juristentag 1974, Helbing and Lichtenhahn, Basel, 1974),第249页及以下诸页。另见兰蒂斯《制定法和法律的来源》第233页:"司法程序和立法程序在技术上和目标上紧密协作,这种意识将不可避免地使得二者彼此更加相互依靠。"另见阿尔尼奥:《法律中的形式与内容:法律实证主义的维度与定义》(A. Aarnio, "Form and Content in Law: Dimensions and Definitions of Legal Positivism", in Philosophical Perspectives in Jurisprudence: Acta Philosophica Fennica, Philosophical Society of Finland, Helsinki, 1983),第86页。

② 见上页脚注②中的参阅资料。

支。这种立法研究的理论视角经常被忽视,本节将深入分析其原因。

系统的立法理论的缺失,一方面可以从实证法和自然法的关联中得到解释,但吊诡的是,也能从二者的分离中得到解释。只要实证法合乎逻辑地从自然法正确演绎出来,现代自然法即赋予其正当性。当自然法和实证法分离时,实证法的正当化则诉诸被民主正当化的主权立法者。在前一种情形中,法律创制的基础是自然法知识(knowledge)。在后一种情形中,其基础是立法者的决策(decision)。

从自然法的视角看,规范的创制是一个有关知识的问题,而结果就是自然法原则的适用。换句话说,关于自然法的知识决定了实证法规则的制定。就此而言,自然法是实证法的先决条件,并为其提供认知基础。通过立法者的决策,自然法确保了实证法的价值。因此,实证法可以被认为是立法者对自然法规则的适用。如阿尔尼奥(Aarnio)所述:

> 由于自然法的理性主义(rationalistic)特性,不存在立法目的的问题。自然法思想中没有这种观念,即有目的的立法者有目的地创制法律。法律的适用被认为是一个有关知识的问题。[1]

阿尔尼奥指出了知识和规则适用间的关系。然而,并非说这种关系仅适用于司法规范的创设,而不适用于立法者。传统自然法的追随者威利(Villey)明确阐明了后者。他认为,一般而言,规则制定本质上是有关知识的问题,这些知识在人类意志的干预下取得了正式的法律

---

[1] 阿尔尼奥:《展望一种立法理论及其在社会变迁中的作用》(A. Aarnio, "Towards a Theory of Legislation and Its Role in Societal Change", in *Philosophical Perspectives in Jurisprudence: Acta Philosophica Fennica*, Philosophical Society of Finland, Helsinki, 1983),第247页。

形式。① 然而,人类的意志则是法律的次要方面。

因此,基于认识论的原因,一种有别于自然法理论的立法理论是没有必要的。自然法知识本身即足以颁布正确的法律规则。这些法律规则是自然法的具体化,或者说反映了一种自然法观念(这种观念反过来使实证法正当化)。② 举例来说,随着19世纪初法国法典化运动的兴起,诉诸自然法的做法并未彻底消失。③ 然而,也可以这么说,正是法国注释法学派祛除了自然法的正当化影响。④

阿尔尼奥强调这一事实,极端规则实证主义与自然法观念差别并不大。他认为,即使对"实体自然法"的信奉消失了,实证主义者仍坚持这一思想,即法律体系是一个由按逻辑推理适用的法律规则构成的封闭整体。⑤ 结果是,在规则创制的自然法模式和与分权原则相结合的非自然法模式之间实现了无缝连接。假定法律秩序是一种封闭的、自洽的整体,⑥这就足以割裂法律的正当化及其自然法基础。法律体系的形式正当化(自由国家的特征)则仅建立在主权立法者思想的基础上。

自然法模式中立法者制定法律的认知层面则被置于更低的层级,

---

① 威利:《古典自然法述评》(M. Villey, "Abrégé du droit naturel classique", in Leçons d'histoire de la philosophie du droit, 2nd edn., Dalloz, Paris, 1962),第145页;威利:《现代法律思维的形成:法哲学史》(M. Villey, La formation de la pensée juridique moderne: Cours d'histoire de philosophie du droit, Montchrétien, Paris, 1975),第53页。
② 见温伯格:《立法理论》(O. Weinberger, "Zur Theorie der Gesetzgebung", in J. Mokre and O. Weingerger eds., Rechtsphilosophie und Gesetzgebung. Übrelegungen zu den Grundlagen der modernen Gesetzgebung und Gesetzesanwendung, Springer, Vienna/New York, 1976),第175—176页。
③ 阿尔尼奥:《法律中的形式与内容》,第82页;布卡特:《注释法学派:民法典19世纪评论评判性研究》(B. Bouckaert, De exegetische school: Een kritische studie van de rechtsbronnen-en interpretatieleer bij de 19e eeuwse commentatoren van de Code Civil, Kluwer, Antwerp, 1981),第209页及以下诸页。
④ 阿尔尼奥:《法律中的形式与内容》,第82页。
⑤ 同上,第91页。
⑥ 同上,第82页。

即司法层级。由于自然法理论的缺失,立法者统治的认知层面则不再被考虑,因为立法者已经成了主权者。根据分权原则,立法行为被认为是一种主权行为,规则适用的思想(此前与自然法相关)如今以这种方式转移给法官:对规则的"适用态度"(原本是立法者对自然法的态度)现在成了法官对法律规则的立场。

换而言之,"(自然法的)知识先于立法行为"的立法立场,变成了法官与作为主权立法者产物的法律规则的关系的立场。然而,"适用态度"本质上是自然法的,它不再适用于立法者,而仅适用于法官。其原因在于,失去了自然法作为实证法的正当化因素,而代之以主权思想。这种视角的转变可以通过法条主义(legalism)来解释。

法条主义是这样的伦理态度,即认为道德行为就是遵守规则,由权利和义务构成的道德关系则由规则确定。① 在此意义上,它和自然法主义(jusnaturalism)是一致的,即这种伦理态度要求遵循规则,而不论规则的来源。班科夫斯基(Bankowski)认为:

> 我们可以看到自然法理论没有逃脱法条主义的藩篱或野心。强调规则的重要性,而不论规则如何达成。对法条主义而言,自然法的力量存在于其产生的规则之中,而不在于被认为是产生规则的自然、上帝或者实践理性(practical reason)之中。②

法条主义思想认为,不需要一种有关规则的理论,因为唯一需要考

---

① 史珂拉:《法条主义:法律、道德与政治审判》(J. N. Shklar, *Legalism: Law, Morals and Political Trials*, 2nd edn., Harvard University Press, Cambridge, Mass, 1986),第1页。
② 班科夫斯基:《别想它:法条主义与合法律性》(Bankowski, "Don't Think about It: Legalism and Legality", *Rechtstheorie*, Beiheft 15, 1993),第47页。

虑的就是规则。法条主义暗示了一种以规则为基础观察事物的方式。法条主义可以与自然法主义并驾齐驱,①但它本不必如此。法条主义和自然法主义在某种程度上是目标一致的,且它们相互结合并增强了彼此的相互影响。

班科夫斯基(Bankowsk)以下列方式阐明这一点:

> 与其说法条主义否认法律和价值的联系,不如说是将其隐藏并使其免于被发现。因为,法条主义集中于规则,而排除其他。规则失去了偶然性。规则主导了整个道德世界。②

因此,他指出了法条主义的三个主要方面:(1)规则不是偶然的(contigent);(2)规则王国(或规范体系的总和)之外没有规范性(normativity);(3)规则和价值的关系被隐藏。这几方面能够说明,法条主义和自然法主义并非对立的,相反,二者能彼此兼容。但从另一方面来说,法条主义又不是必须与自然法主义结合运作才能充分发挥效用。确实,规则的来源并不重要,因此,法条主义正好适合实证主义(positivism)。

班科夫斯基所提出的三个方面在以下意义上是相互关联的,规则与价值关系的隐藏促成了这一思想,即规则不是偶然的或者规则不是被制造出来的。③ 在法条主义的助力下,这种思想反过来又与法律体系

---

① 史珂拉:《法条主义:法律、道德与政治审判》,第12页。
② 班科夫斯基:《别想它:法条主义与合法律性》,第47页。
③ 见胡伯纳:《法典化与私法史中法官的自由裁量权》(H. Hubner, *Kodifikation und Entscheidungsfreiheit des Richters in der Geschichte des Privatrechts*, Hanstein Verlag, Königsten, 1980),第43页。

的整体性观念相联系,因为没有规则是在体系之外的。① 法律体系的环境无论如何都与法律体系自身没有关系,因为法律和非法律之间有明确的界限。② 另一方面,如果法律和价值存在关系,也被一种法律的自然化(naturalisation)倾向所隐藏并涵盖,如同福克(Foqué)与哈特(Hart)所解释的那样。

在对法国《民法典》运动中的法条主义进行批评时,他们认为法典制定者的法律概念是工具主义的概念:法律是被创造出来的,且价值通过规则得以实现。另一方面,如前所述,法典制定者又经常诉诸自然法来论证其规则的正当性。这表明法条主义和自然法主义携手并进,但在福克与哈特的分析中,诉诸自然法导致了一种他们称之为实证法的自然化倾向。只要实证法展现为自然法的具体化,它就被正当化了,尽管实证法最终是建立在主权立法者的决定基础上的。③

一旦工具主义的方法隐藏于法律的"自在"(thereness)之后,④显然,作为出发点的法典化运动就包括了这一对我们的讨论至关重要的双关语:法律的工具主义方法与表象主义形式携手并进,表象主义认为"纸上的法律"(law in the books)是现实的反映。坎贝尔(Campbell)将此思想阐明如下:

> 我认为,这本质上源于认同法律是既定的(*law as given*)。这

---

① 关于这一点,见杰克逊:《法条主义》(B. Jackson, "Legalism", *Journal of Jewish Studies*, 1979),第7页。
② 史珂拉:《法条主义:法律、道德与政治审判》,第2—3页。
③ 见福克、哈特:《工具主义与法律保护:刑法的价值基础》,(R. Foqué and A. C't Hart, *Instrumentaliteit en rechtsbescherming. Grondslagen van een strafrechtelijke waardendiscussie*, Gouda Quint/Kluwer, Arnhem/Antwerp, 1990),第60页及以下诸页,第183页及以下诸页。
④ 史珂拉:《法条主义:法律、道德与政治审判》,第3页。

导致了随后的想法,即指令包含在法律中,法律在一定意义上是对现实世界的描述。此想法有牢固的假定基础。①

从这个角度看,显然没有立法理论存在的空间。因为直至今天,法律思想中的主导意识形态仍未完全摆脱这种表象理论。立法理论的缺失,以及法律科学是局限于司法裁判的科学,还可以从中进一步得到解释:将法律简化为一个建立在法条主义思想虚幻认知模式基础上的(完整的)法律规则体系;这一认知模式隐藏了立法者是或多或少具有强烈工具主义思想的行动者。

据此,合法律性(legality)是法律规则的形式方面,因而是规则获得法律特性的必要的且充分的条件:一方面,合法律性确认了(因此也限制了)规则的法律特性(必要条件);另一方面,法律规则的形式一旦被作为充分条件,显然将导致立法膨胀。因为对于规则的存在而言,除了形式要求外不再有其他要求。这种理论观点正好补充了卡朋(Karpen)②或巴登(Baden)③对立法膨胀的经验主义(empirical)的解释。

从理论上说,立法者的立法活动仅受宪法约束。直到法律体系有了对法律的违宪审查,才有了某种可能的控制。但法条主义在此意义上又一次抬头:这种控制源于对立法者规则制定的合宪性预设。从此

---

① 坎贝尔:《法律思维与司法价值观》(C. M. Campbell, "Legal Thought and Juristic Values", *British Journal of Law and Society*, 1974),第13页。另见该刊第23、24页。

② 卡朋《联邦德意志共和国立法现状》(U. Karpen, "Zum gegenwartigen Stand der Gesetzgebungslehre in der Bundesrepublik Deutschland", *Zeitschrift für Gesetzgebung*, Vol.5, 1986)中说:"选举期限过短导致立法动荡。"

③ 巴登:《诡辩与沟通》(E. Baden, "Kasuistik und Kommunikation", in *Sozialintegrierte Gesetzgebung: Wege zum guten und verständlichen Gesetz*, Bundesministerium für Justiz, Vienna, 1973),第96页。巴登认为,法律体系建构的日益复杂的境况是法律体系膨胀的原因。

视角看,立法者被推定正确地适用了宪法。根据此类违宪审查,一个规则只有在明显违宪时才会被废止。这意味着合宪性控制通过假定立法者的理性得以实现。只有那些显然不合理的规则(即明显与宪法相悖的规则)才会被推翻。

本节的结论可以这样表述:自然法主义使有关立法的理论显得多余。拥有有关自然法的知识就足以制定良法,且(如果有)良法的标准,也是在自然法中发现的。在立法的实证主义方法中,法条主义扮演了与传统自然法理论类似的角色。然而,法条主义使之不可能的就是这样一种关于法律的理论:法律的存在(或其创制)及其适用都具有理论依赖性。法条主义自身为法律提供了唯一的和全部的理论背景,①且该理论背景隐藏在法律商谈中。它无法被阐明,因为被阐明就意味着对规则之法律特性的批判。由于规则性思考仍然是法律思维的主导模式,法条主义阻碍了律师(lawyers)以规则之外的任何方式来思考法律。

法条主义使得任何内在立场的或规范视角的批评都不可能了。因此,任何对法律思维的批评态度必然都成了一种外在于法律体系的立场。的确,由于将合法律性(legality)与法条主义(legalism)混淆,法条主义使我们坚持这一立场:法律是由从内在观点来看不容置疑的法律规则所组成的。对法律体系的批评都是由对法律体系持外在观点的观察者做出的,他面临的是"既存的"(just there)规则。但这些批评并非没有让人看到:内在观点必然被法条主义的视角影响。

这些最终将有助于改善法律质量的外在批评包括:为获得良好的法律文本所使用的法条主义技术或立法起草技术,为保持规则一致性

---

① 参见昂格尔:《批判法学运动》(R. M. Unger, *The Critical Legal Studies Movement*, 2nd edn., Harvard University Press, Cambridge, Mass, 1986),第 8 页及以下诸页。

所使用的道义逻辑(规范逻辑),运用法律社会学,以及立法机关实施立法前和立法后评估。然而,这些方法会导致对立法的超然分析和补救,但不会导致内在的陈述。因为这些都不在内在观点的考虑范围之内,因为他们(不论法官还是立法者)坚持规则适用的法条主义模式。最终,与对规则的批评相一致的则是或多或少被扩大了的解释法律规则的司法自由。然而,这永远不会关注到问题的核心,即规则的创制并不是在立法者主权掩饰下对其他规则的适用。

至于民主正当化立法者的思维模式,它遵守法律创制的合法律性原则。合法律性原则是规则存在的必要条件(这当然也是个问题),同时也是充分条件。因为它限制着法律推理中不容置疑的起点(即立法),也规制着终端(即规则适用)。如诺尔所发现的,其结果就是法律思维理论在实质上仅限于司法裁决的理论(Rechtsprechungswissenschaft)。

三、内在(观点)和外在(观点)

(一)内在观点和外在观点

下文论述的基础是哈特那个有名的关于内在观点和外在观点的区分。[①]

从外在观点看,一个观察者看到所有汽车在红灯亮时停下。在没有意识到其后的任何规范性态度的情况下,他做了如下描述:"红灯是

---

① 哈特:《法律的概念》(H. L. A. Hart, *The Concept of Law*, 11th edn., Clarendon Press, Oxford, 1981),第87—88页。

一个他们会停下的征兆(sign)。"这种陈述表达的是一种行为的规律性,是由一个不接受或甚至不知道该规律性背后的规范性态度的人做出的陈述。从内在观点来说,接受规则作为规范的人将按内在观点做如下陈述:"红灯是(我们/我)要停下的信号(signal)。"行为者并非要表达行为的规律性,他仅仅是阐明了自己对一项规则(该规则施加了"红灯停"这一义务)的规范性态度。①

哈特关于遵守规范行为的预测有第三种可能性,即从外在观点看,一种包含了行为者的内在观点的陈述。这意味着,观察者不必接受规则作为行为规范,而另一方面,他却在其描述中包含了行为者的这种规范性态度。这就形成了这种陈述:"红灯是他们要停下的信号。"《法律的概念》已经提及最后一种可能性。② 然而,有人在其他论文中找到了这种论述的痕迹,③在麦考密克(MacCormick)对哈特作品的分析中也有这种痕迹,④麦考密克将其称为"诠释学的观点"(hermeneutic point of view)。⑤

(二) 观点和法律理论

按不同观点提出的三种不同主张为法学提供了三种不同的理论路径。

---

① 哈特:《法律的概念》,第86—88页。
② 同上,第87页。
③ 哈特:《导论》("Introduction", in *Essays in Jurisprudence and Philosophy*, Clarendon Press, Oxford, 1993),第14—15页,哈特:《斯堪的纳维亚的现实主义》("Scandinavian Realism", in *Essays in Jurisprudence and Philosophy*, Clarendon Press, Oxford, 1993),第161—169页。
④ 麦考密克:《哈特》(N. MacCormick, "H. L. A. Hart", in W. Twining ed., *Jurists: Profiles in Legal Theory*, Arnold, London, 1981),第33页及以下诸页。
⑤ 哈特对内在观点的描述有点混乱,他是这么写的:"他们看到它(红色信号灯)并作为一个停车的信号。"(《法律的概念》,第87页)我的解释是,这是一个诠释学的陈述,做出陈述的观察者本人并未因此接受该规则为行为规范。如果这一主张是由行为人自己做出的,他将会这么说:"红色信号灯是让我们停车的信号。"

(1)第一种理论路径是从外在观点研究法律,它不考虑法律对法律行为者的约束性。以唐纳德·布莱克(Donald Black)的观点为例,他认为,法律是由可观察的事实(诸如法官、警察、检察官等可观察的安排)构成的。① 在另一种变体理论中,甚至行为都不再起作用,学者仅对规则进行分析。外在观点使得对法律的研究与法律的道义逻辑(规范性)一致性,或者与立法起草所要求的法律的形式特征有关。

(2)第二种理论路径是从内在观点研究法律,这形成了对有效法律的描述及系统化。② 从法律本身开始,将法律主体或法官的立场转化为理论。因此,可以说法学家像法律共同体的成员一样行动。这一路径正好契合法国的法典解释学(Ecole de l'exégèse),我们称之为法律教义学。

(3)第三种理论路径的巅峰是内在观点和外在观点的融合,即诠释学的观点。从理论上来看,这意味着一种对规则的(外在面向)描述,该描述包含了规范性或内在面向。与第一种路径相比,学者处理的是有意义的行为,而不仅仅是可观察的规律性。

为对第三种路径做进一步论证,有必要研究麦考密克关于内在观点的区分。哈特认为,内在观点所表达的规则的内在面向,暗含了一种"批判性反思态度"。③ 这种态度被麦考密克分解成一个认知面向(反思的)和一个意志面向(批判的)。

---

① 布莱克:《法律社会学的边界》(D. Black, "The Boundaries of Legal Sociology", in D. Black and M. Mileski eds., *The Social Organization of Law*, Academic Press, New York, 1973),第46页。
② 如见阿尔尼奥:《法理学思考》(A. Aarnio, *Denkweisen der Rechtswissenschaft*, Springer, Vienna/New York, 1979),第33页以及以后诸页;库贝斯:《立法理论》(V. Kubes, *Theorie der Gesetzgebung*, Springer, Vienna/New York, 1987),第15页。
③ 哈特:《法律的概念》,第55页。

通常而言,认知面向是指认知规则中包含的行为模式的能力并将其与具体环境相联系的能力。它还指对某一行为是否符合该行为模式做出评价的能力。意志面向是指在假定条件达成时对某种作为或不作为的期望或者偏好。① 借鉴其对内在观点的上述论证,我想阐述一种可能的新法律理论。

(三) 诠释学的观点

可以这样解读麦考密克的理论:认知面向可以从一种"纯粹的"内在观点来分析。结果就是,规则本身是有含义的(平义理论)。内在观点的认知面向和意志面向的区别也表明,规则的遵守兼具一个理论面向和一个实践面向,但同时预设知晓规则(的含义)是毫无疑义的。

沿着麦考密克的思路,将内在观点的认知面向视为对规则所包含行为模式的描述。这种分析意味着规则的含义源于规则本身,或者从更大的视野看,源于规则所属的体系。与此路径相契合的法律理论可以从法典解释学的代表作品中找到。对民法典的解释必须从法典内部入手,正如法国著名的律师布格奈特(Bugnet)的名言:"我不了解民法:我教授《拿破仑民法典》。"②(Je ne connais pas le Droit civil: j'enseigne le Code Napoléon.)

从理论上说,对法典规则权威文本的教义解释是不能使用法典文

---

① 麦考密克:《哈特》,第33页。另见麦考密克:《法律推理与法律理论》(*Legal Reasoning and Legal Theory*, Clarendon Press, Oxford, 1978),第275页以下诸页。

② "我不了解民法:我教授《拿破仑民法典》"(I don't know civil law: I teach the *Code Napoléon*, 见胡森:《解释方法的评判分析》(L. Husson, "Analyse critique de la méthode de l'exégèse", in *Nouvelles études sur la pensée juridique*, Dalloz, Paris, 1974),第175页。这种立场指的是上文提到的第二种立场。

本之外的任何方法的（包括中立的逻辑方法），否则会有置身规则"之外"的风险。解释者置身规则"之外"的思想正好与法律教义学理论的一个很重要的方面相联系，即内在观点的"内在"方面可以有两种不同的理解。一方面，指的是大家熟知的接受规则为规范的思想。另一方面，指的是一种"地理学的"内在观点，这意味着内在观点的认知面向仅限于从规则所属法律体系内获得对规则的解释。

在这种情况下，法律规则的含义从法律体系内产生。此外，平义理论也很好地支持了这种思想，因为平义理论认为清楚的文本无需解释。然而，这种理论所谓的"中立"掩盖了这一事实——它的基础仅仅是一种可能的语言理论，如今这显然不够充分。我们一旦认为平义理论仅仅是唯一可能的语言理论，就会发现，平义理论将现实转译成宣称是代表现实的概念。法律体系被认为是反映现实的镜子。这意味着，法律体系之外的一切都与法律含义无关。结果是，任何含义都将被"反馈"到法律体系之内。可以说，法律的含义产生于自身，这也正是法条主义的另一个方面。

从认识论的角度看，这可以从含义具有理论依赖性这一事实得到解释。然而，这为法条主义所隐藏。含义被假定成"自然的"或"清晰的"含义，因此掩盖了这一事实：只有在分析理论的理论框架内，含义才有意义。这受益于一种分析理论，即现象可以被解释为现象。在库恩的（Kuhnian）术语里，一种分析理论产生一种范式。反过来，这种范式决定了特定类型问题的解决方式。后者和前者一样重要。因为范式容许解决问题，范式首先要确定的恰恰就是问题。换句话说，范式为特定类型的问题提供了潜在的解决方式，这些问题本身也是由范式产生并确定的。因此，有些"问题"根本就不是问题，因为现有的科学范式不允许我们将其视为问题。①

显然,一旦法条主义成为法律科学的主导思维模式或范式,随之而来的就是,法律思维是一个遵守法律的问题。尽管是主导范式,法条主义却仅仅是一种可能的分析理论。如果这一点被掩盖起来,法条主义将成为一种意识形态。在本文的剩余部分,这种法条主义将被称为强势法条主义(strong legalism),根据这种强势法条主义,合法律性是决定法律的存在及其含义的充要条件。

根据这种强势法条主义,法律自圆其说,因为法律的含义不能超出法律体系。与之相对的是,弱势法条主义(weak legalism)用来指这种法律理论,即规则的合法律性(legality)或形式有效性(formal validity)只是其存在的必要条件,而非充分条件。强势法条主义的本体论预设就是事物(如法律规则)本身就有含义,即"清晰的规则无需解释"。这种预设将被否定,因为它掩盖了这一事实——清晰的含义本身是解释前行为的结果,尽管可能是无意识的。

不妨用一个对比来阐明此思想。当使用"白天"(day)一词时,看起来"白天"的概念自身已很清楚。然而,情况并非如此。因为"白天"的含义存在于别的事物中,那就是外面有光线,除非与"黑暗"(dark)相对比,否则其含义是无法被理解的。"夜晚"(night)的概念也是如此,除非将"黑暗"作为"夜晚"含义的一个方面,并与"光亮"(lightness)作为"白天"的一个方面相对比,否则就难以理解"夜晚"。这意味着要理解"白天"和"夜晚"的概念,只有将"白天"和"夜晚"彼此对照,即要参照事物

---

① 见普赛罗:《科学范式与法律变迁》(E. Zuleita Puceiro, "Scientific Paradigms and Legal Change", in U. Kangas ed., *Essays in Legal Theory in Honour of K. Makonen, Yearbook of the Finnish Legal Society*, Helsinki, 1983),第 336 页;坎贝尔:《法律思维与司法价值观》,第 16 页。

的对立面。否则,不论是"白天"的概念还是"夜晚"的概念,都将无法出现在我们的概念体系中。

法律规则(中的概念)同样如此。它们的含义不会自动展示出来,即法律不是自我解释的,而是涉及确定含义的行为,这也要提及概念未包含的内容。然而,法律秩序的完整性(法条主义认为这是法律体系的特征之一)排除了这种解释类型。因为法律体系排他地保留了其含义的自留地。法律秩序的完整性包括这种思想,它不存在缝隙。因此,所有相关的法律含义都可以在法律体系内找到,体系之外是没有相关含义的。

从理论上说,这意味着法律体系无需借助社会环境来共同确定其规则的含义。如果这是一种可能的立场,似乎也并不是最令人满意的一种。随着社会的演进,这为旨在组织社会的法律规则的含义带来了曙光,当然,这种互动却被强势法条主义者的法律概念所阻隔。这可以与内在观点的思想(尤其是其认知面向)相联系。从强势法条主义的视角看,内在观点的认知面向将被限定在法律秩序的"地理学的"领域之内。从理论上说,强势法条主义将法律秩序划分为法律是什么、法律的含义是什么(体系内)和什么不是法律(体系外)。

这种思维方式难以令人满意,因为它过度依赖长期遭受诟病的平义理论。[1] 这意味着"纯粹的"内在观点将不再被接受,因其将我们的

---

[1] 柯巧福:《比利时最高上诉法院判例学说与法理学》(M. van de Kerchove, "La doctrine du sens clair et la jurisprudence de la Cour de cassation en Belgique", in M. van de Kerchove ed., L'interprétation en droit—approche pluridisciplinaire, Fac Univ St-Louis, Brussels, 1978),第13—50页。一般研究,见胡克:《规范、背景和判决:法官解释的自由》(M. van Hoecke, Norm, Kontext und Entscheidung. Die Interpretationsfreiheit des Richters, Acco, Leuven/Amersfoort, 1988),第273页及以下诸页。

法律知识限定在法律体系自身的"地理学的"领域之内。在下文中,我们将其称为"内在认知-内在意志"(internal$_c$-internal$_v$)观点。① 然而,就该理论我们将不再做进一步的讨论。下文也不再论述外在观点,即描述行为的规律性而不包括内在观点的观察者的立场。从法律理论的精确视角看,该理论是难有成效的。原因在于,它排斥行为者的规范性态度,而这一点对于充分理解法律而言却是必需的。

因此,剩下的就是"诠释学观点"(hermeneutic point of view)。这一观点的理论预设是,持外在观点的观察者包括了行为者的内在观点。哈特认为,此观点是法律学者必须坚持的,如麦考密克所正确指出的那样。② 在本文接下来的部分,这个词指代学者的诠释学观点(hermeneutic point of view$_s$)。③

这种观点表达了这样一种理念:为了提出法律主张,我们必须依靠法律话语本身,而不是客观概念。这意味着,在没有自己的任何必要承诺的情况下,学者从规则自身的角度描述法律系统的规则。

马克斯·韦伯思考法律教义学与社会学关系的方式有助于阐明这一视角。将法律作为研究对象的社会学,对分析法律预设的客观含义并不感兴趣。韦伯认为,法律是一种行为,而社会学应当分析使之有意义的各种人物代表和法律预设的有效性。然而,在分析其含义时,社会学家不必拘泥于从法律的视角获得"正确的"含义;这些仅仅是其分析的出发点,他可以从社会学的观点出发,把它替换为其他含义。换言之,从这些"现有"含义出发,社会学家将其他含义与之相联系,这将有

---

① 下标中的"c"表示"认知"(cognitive),"v"表示"意志"(volitional)。
② 麦考密克:《哈特》,第37页。
③ 下标中的"s"表示"学者"(scholar)。

助于重新定义它。①

和我已讨论过的内容相联系,韦伯派学者将法律作为研究对象,从学者自身的(外在)观点考虑行为者(即展现法律含义的代表)的内在观点。这两种观点的融合,即上文所说的学者的诠释学观点,形成了一种能够被引入法律商谈(legal discourse)的新含义。据此,在纯粹的(内在的)法律含义和社会学的(外在的)含义之间并无严格的界限。因而可以说,二者是相互交融的,因为社会学的解释(尽管产生了法律预设的替代含义)有助于(从内在观点)更好地理解法律。在下文中,我将分析学者的诠释学观点和法官的观点之间的关系。这将有助于我们进一步研究立法者的观点。

(四) 司法的观点

为阐明法官的观点,我提议对法律的存在(existence)和法律的含义(meaning)做出区分。这种区分是本文所提出的法律概念的基础。此概念依赖于四个论点,下文将简要阐述,以展现学者的诠释学观点和司法的观点之间的关系。② 第一、二个论点与法律的存在有关,第三、四个论点与法律的含义有关。

(1)法律的有效性由法律体系自身决定。

---

① 韦伯:《社会科学方法论》(M. Weber, *Gesammelte Aufsätze zur Wissenschaftslehre*, 2nd edn., Tübingen, Mohr, 1951),第449—440页。(此处疑似原文写错了页码。本书第30页脚注②亦如此。——译者注)

② 关于这四个论点更详细的阐述,见温特根斯:《法律、原则和理论:实证主义批判》(L. J. Wintgens, *Droit, principes et théories: Pour un positivisme critique*, Bruylant, Brussels, 2000)。

这意味着,一个规则仅在其是根据特定法律体系中主导的法律标准而被制定出来时,才能成为法律规则。

(2)违反道德规则的法律规则并不失去其法律有效性。

此论点是第一点的限制,因为虽然法律和道德是不同的社会秩序规范,但它们可以相互作用。为了尊重第一点,在这种相互作用导致冲突时,法律规则仍不受影响。

这两点对于法律的存在的隐含意义就是,法律概念是非自然法主义的。根据第(1)点,法律的基础不是道德;第(2)点则暗示,法律与道德的冲突对法律本体不会有影响。另一方面,此法律的概念也不是一个纯实证主义的概念,正如下面两个论点所隐含的那样。

(3)在第(1)(2)点的限制范围内,道德这一社会参数可以作为确定法律规则含义的解释素材。①

这个论点源于前文论及的立场,即规则自身没有含义。然而,利用道德参数作为解释素材的可能性必须以前面两点为基础。如果说,一方面,法律的有效性是法律体系内的问题,另一方面,道德考量在法律的社会实践中可以作为正当化因子,②这并非意味着道德作为认知因子是唯一可能的认知路径。这就涉及第四个论点。

---

① 这个论点反映了我对德沃金(Dworkin)的《法律帝国》(*Law's Empire*, Harvard University Press, Cambridge, Mass, 1988)中法律理论的解释。根据我的解释,德沃金并未主张法律原则的有效性依赖其道德性,而是道德在对法律规则的解释中发挥重要作用。

② 比如,鉴于可能的不道德后果而限制规则的适用范围。

(4)可能的观点是,从认识论或理论上而言,法律规则的道德解释与其他解释(如社会学、经济学解释等)处于同等地位。

在这方面,结合前面的几点,就与法律的关系而言,道德并不是决定性因素。然而,这并不排除其作为解释因素。前面两个论点所表达的关于道德作用的限制和关于法律本体论的相互关系,二者相抗衡的结果就是:不能排除对法律的其他解释,因为即使从认知方面看,道德在对法律的解释上也并无优先性。①

(五) 合格的司法的观点:另一种诠释学的观点?

如上所述,诠释学观点的预设是从外在观点出发并包含对行为者内在观点的描述,上文称之为"学者的诠释学观点"。鉴于"内在认知-内在意志"观点被认为是不能令人满意的,因为其与强势法条主义相关联,因此下文要探讨的问题就是,作为法律体系内的行为者能否持诠释学的观点。

我需要声明的立场就是,一旦将强势法条主义置于一边,我们将不再坚持法律的含义仅仅是法律体系内的问题。这涉及上文的第三个和第四个论点。据此,法官从包含了外在观点的内在观点提出法律主张。

从司法的观点看,这是对法律的存在和法律的含义做出区分的结果。按照强势法条主义的观点,二者是这样被混淆的:法官的任务限于

---

① 关于第四个论点的所有解释都可以在法律的经济分析中找到。根据此方法,法律都是从外在视角(经济学的)研究的,包括对法官内在视角的研究。与从诠释学的观点对法律进行社会学分析一样,法律的经济分析能够决定法律议案的其他可能含义(如韦伯所主张的)。见卡拉布雷西、梅拉梅德:《财产规则、责任规则和不可让渡性:教会法述评》(G. Calabresi and M. D. Melamed, "Property Rules, Liability Rules and Inalienability: One View of the Cathedral", *Harvard Law Review*, 1992),第 1098—1128 页。

适用规则,从而避免通过"解释工作"创制新规则。

然而,在什么意义上可以说,学者的诠释学观点和司法的观点之间存在联系呢?这种联系可以从前文有关外在观点的讨论中获得。外在观点就是这样一种学者的观点,即对他而言,法律是由行为或行为的规律性等可观察的事实构成的。[①] 学者的诠释学观点则允许在对这种行为的描述中包含行为者的内在观点。这就是说,通过增加一个维度(内在观点),可观察行为被描述为有意义的行为或行动。

根据学者的诠释学观点,学者不必考虑内在观点的意志面向,因为他不必像法官那样将规则作为一种规范。然而,他和持内在观点的人的共同之处就是利用内在观点的认知面向。对法官而言,认知面向和意志面向是相区分的,但不是相割裂的。学者也是如此,即从其观点看,认知面向和意志面向是相隔离的。但核心是,在探究内在观点的认知面向或者规则的含义时,法官和学者所讨论的是同一件事。

换言之,学者在描述有意义的行为时,需要借助于从认知面向对规则可能含义的阐明。如同韦伯所论述的,[②]这些按诠释学观点获得的可能含义能够帮助那些视规则为规范的人(重新)界定规则的含义,因而是从内在观点看。这意味着,在处理规则的含义时,法官和学者从事的是同样的工作。从其视角看,学者的任务就是,挖掘一系列可能的含义,比如,从经济学、社会学、道德等的角度解读法律;而法官的任务就是在这些含义中为其判决选择一种,并以论证的方式将之与法律休系相联系。因此,从认知的视角,法官采纳的是诠释学的观点,我们称之为法官的诠释学观点(hermeneutic point of view$_j$)。

---

① 布莱克:《法律社会学的边界》,第 46 页。
② 韦伯:《社会科学方法论》,第 449—440 页。

学者的观点和法官的观点可以按以下方式相关联:

(1)法官的观点(法官的诠释学观点)=(a)内在观点包含(b)外在观点

(2)外在观点=外在观点包含内在观点(=学者的诠释学的观点)

用(2)替换(1b)可以得到:

(3)法官的诠释学观点:内在观点包含(学者的诠释学观点)。

结论是,上述公式显示,内在观点的认知角度是司法的观点与学者的观点的联结点。在此意义上,规则的解释先于司法判决。这种解释是一个演绎过程。在规则适用的过程中,诉诸外在面向能更好地理解规则。

下节我将探讨的问题是,这些有关学者的诠释学观点和法官的诠释学观点的思考如何与研究法律的立法法理学方法相联系。此问题的焦点是立法者在规则创制活动中的观点。

四、内在的与外在的:立法者的观点

(一)法条主义、主权和立法者的内在观点

司法判决不是从既定法律规则中通过纯粹演绎得到的这一说法过于直白。而立法不是从预设材料中演绎而来的这一说法则太愚蠢。然

而,为获得必要的理性,司法推理被转换成演绎模式,①这种做法却不适用于立法。

在司法审查的历史很短的法律体系(如比利时)中,立法者及其公布的法律规则的理性都是推定的。由于宪法中缺乏明文规定,比利时最高法院(Cour de cassation)始终坚持拒绝承认任何司法审查权。② 在1989年赋予仲裁法院(Arbitration Court)审查权之前,③比利时是没有司法审查的。

然而,这并不是说在基于法治的民主制国家,立法者受到宪法的限制。但在司法审查缺失的情况下,法治意味着什么呢? 如上所述,④司法审查的缺失与法条主义相关,这次是在非常错误的意义上而言,立法者被不可反驳地推定为遵守了宪法规则,即便在显然不是这样时,也被如此推定了。从那样的视角看,即使一个违宪的规则——实际上不是规则——也是被司法人员适用的规则。

然而,根据法治原理,人们可以希望立法者受到更高规范的限制,如同司法人员受到立法者的规则限制一样。一旦将主权的概念纳入分析中,这种直白说法的问题就凸显出来。对一个主权立法者而言,"受规则的限制"是什么意思呢? 显然,一方面,主权立法者是独立于任何外在力量的;另一方面,在法律体系之内,他是法律的最高来源。立法者"受规则的限制",这是有悖于其主权的:如果主权立法者尊重法治,

---

① 至少在大陆法系中是这样的。
② 例如,参见 Cass, 10 January 1939, Pasicrisie, 1939, Ⅰ, 1-4;Cass, 29 Jane 1939, Pasicrisie, 1939, Ⅰ, 341-343;Cass, 20 November 1962, Pasicrisie, 1963, Ⅰ, 362;Cass, 25 June 1974, Pasicrisie, 1974, Ⅰ, 1114。
③ 《比利时宪法》(Belgian Constitution)第141条和第142条;1989年1月6日的《仲裁法院法》(Court of Arbitration Act of 6 January 1989)。
④ 坎贝尔:《法律思维与司法价值观》,第13页。

他这样做是因为他乐意;如果他真的被法治限制,那他就不再是主权立法者了。

在主权和法治间的必要张力中,法条主义再次抬头。一方面,根据强势法条主义,法律被认为是既定的。因此,最终发言权取决于立法者的主权,立法者的统治被推定为符合宪法。司法审查的缺失或者对(违宪的)规则仍做出貌似合宪的解释,都是强势法条主义态度的证据。另一方面,从弱势法条主义的视角看,其认为合法律性是法律的必要但不充分条件,立法中的法治一面仍居于主导地位。从这个角度看,立法者被推定为遵守宪法,但这种推定是可以被推翻的。下文将论述后者。

现在可以把这一点转换为基于内在/外在观点的术语。立法者可以被认为对宪法规则持内在观点。这意味着他接受这些宪法规则作为行为规范。如果这种接受是不容推翻的,则内在观点的认知面向就被限定为上文提及的"内在认知-内在意志"观点,此观点将规则的可能解释限定在法律体系的"地域"所确定的含义范围内。如上所述,这种限制源于强势法条主义。强势法条主义隐藏了法律体系之外的因素与法律含义相关的可能性。

立法者内在观点的意志面向则被转化为这种假定,即立法者是依宪法行事的,排除任何相反的可能性。结果就是,关于法律规则内容的(也是合宪性的一面)讨论被限定为一种同义反复的讨论,即规则的合宪性标准由立法者自己决定。①

一种研究立法者内在观点的更积极的方法反过来为赋予宪法更为

---

① 在此背景下,在法律规则不明确时(即"不合宪"),法官被请来按照最合乎宪法规则的方式解释法律规则,因此,这就排除了任何可能与宪法抵触的解释。如见 Cass, 20 April 1950, Pasicrisie, 1980, Ⅰ, 560ff;另见 Arbitration Court, 7 February 1990, No. 9/90, *Monittur belge*, 19 April 1990, 7363, at B. 3。

重要的规范性开启了新路径。根据这种方法,包含认知面向和意志面向的"立法者的内在观点"意味着赞成弱势法条主义,而将强势法条主义抛在一边。立法因此可以被认为是一种行动(action)方式,[①]而不是"既定之物"(just there)。通过从弱势法条主义视角阐明立法者的内在观点,显然,宪法规则就不仅仅是对立法者的消极限制了。一般而言,在这方面为立法者施加的规则都是授权规则、程序规则以及包含公民权利和自由的规则。

由于司法审查的缺失,就不能由司法人员根据更高位阶规则来判断法律规则的合宪性了。与在创制法律中避免强势法条主义相对应,一种对立法者内在观点的更为积极的研究将我们引至富勒(Fuller)关于"义务的道德"和"愿望的道德"的区分。[②]

(二) 义务与愿望之间的立法者

要求人无条件遵守规则的义务的道德与强势法条主义模式恰好相吻合。根据愿望的道德,行为者不仅被要求履行义务,同时其行为也要能实现最好的可能性。这样,愿望的道德就能和弱势法条主义模式相联系。

比如,在特定的小司法审查中,未正确适用程序规则就可以被认为是一个"错误"。在这点上,德沃金对规则和原则的区分是富有启发性的。[③] 比如,在大多情况下,很容易证明一个程序规则是否被遵守。违反程序规则就是一个"全有或全无"(all or nothing)的问题,通过违法程

[①] 坎贝尔:《法律思维与司法价值观》,第13页。
[②] 富勒:《法律的道德性》(L. L. Fuller, *The Morality of Law*, 2nd edn., Yale University Press, New Haven, Conn, 1969),第5页及以下诸页。
[③] 德沃金:《第一种规则模式》(R. Dworkin, "A Model of Rules Ⅰ", in *Taking Right Seriously*, Harvard University Press, Cambridge, Mass, 1977),第14—45页,特别是第22—28页。

序确立的规则显然不是有效的法律规则。然而,一个禁止种族歧视的宪法规则①就很难"适用",因为这需要确定什么是不公正的区分。因此,这一宪法规则的适用就不是一个"全有或全无"的问题。

因而,强势法条主义不允许我们提出除法律有效性之外的任何其他有关法律的问题。如上文所述,这归因于这一思想,即形式有效性或合法律性(legality)是规则存在的充要条件。严格地说,任何司法审查都是没有必要的,因为无效的规则无须被废止。一个宣告某规则无效的宪法判决仅仅是对事实的多余的确认,而不是废止该规则。

然而,在弱势法条主义路径下,立法者处理规则行为的某些形式可以被认为是"有缺陷的"。因此,强势法条主义中被主权概念吸收的批判空间,在这里是开放的,因为形式有效性仅仅是法律规则存在的必要条件。从这个角度分析,司法审查也处理规则的内容,而不仅仅是其形式。尽管司法审查成效显著,然而存在以法官评价替代立法者评价的风险,只要司法判决直接处理规则的内容,就必须考虑它与宪法的关系。

这听起来有点奇怪,因为这似乎可以被认为是在提议,除直接处理之外尚存在其他处理规则内容的方式。我相信其他处理方式是存在的。在富勒的《法律的道德性》一书中暗含着这一思想:

> 在整个人类目的领域内——不仅包括人类行动,还包括人类行动所及各领域——我们都可以发现对下述观念的排斥:在我们不知道实现目的的最佳手段时,我们无法知道什么不适合实现此目的。②

---

① 《比利时宪法》第 11 条。
② 富勒:《法律的道德性》,第 11 页。

富勒还进一步论述道:

> 比如,我们可以知道什么是显然不公的,而不必断言什么是最正义的。①

上述引文表露了此思想:无需有关实现标准或目的的完美知识即做出判断,是有可能的。我们面对的是人类知识的不完美性或不确定性。无论我们的知识是多么不完美或不确定,在特定情况下做出好的判断并非不可能。富勒②指出了道德推理的模式,此模式也可以与法律推理相联系。

将其与法官的司法审查立场相联系,就会将我们引入下文。基于大部分宪法都是建立在权力分立原则的基础上这一事实,允许宪法法官用其自己的观点替代立法者的观点将违反这一宪法预设。在有关宪法含义的完美知识(一种柏拉图主义的理念)和法官的主观判决之间,存在着理解余地,使法官和立法者可以有不同意见。分歧意见在这里是可以共存的,根据权力分立原则,立法者的意见是主导性的。根据强势法条主义,立法者的意见始终处于主导地位;根据弱势法条主义,立法者的意见则可以在司法审查中被推翻。

需要再次提及的是,根据弱势法条主义,规则的合法律性仅仅是其存在的必要条件。因而,让一个规则成为法律规则,需要满足的其他条件是什么呢? 富勒主张,良好的立法是渴望尽可能坚持法律的道德要求的立法者所做的工作。然而,这并非将良好立法的标准限定为道德

---

① 富勒:《法律的道德性》,第11页。
② 其他人也如此,见郎美杰:《法哲学研究导论》(G. E. Langemeijer, *Inleiding tot de studie van de wijsbegeerte des rechts*, Tjeenk Willink Zwolle, WEJ, 1973),第233页。

或类似的具体理论方法。相反,本文提出的立法法理学旨在尽可能地为这些标准获得更多的理论解释。

在这里,需要告诫的是:任何声称要为立法确立科学标准的立法理论,都会在有关自身与法律体系的关系上形成错误看法。因为这将导致其失去与法律体系的必要联系,即行为者的内在观点。因此,立法法理学研究法律并不是要将立法者的法律创制行为替换为立法法理学学者的研究结果,如诺尔①和马德尔(Mader)②曾强调的那样。这种政治科学主义建立在对民主国家政治正当性的错误判断的基础上。

如哈贝马斯所正确指出的,③尽管政治行为没有最终的理性基础,但这不能成为将政治行为的正当化转换为一种立法科学的理由。此种政治学(包括立法行为)的科学化将导致对以下事实的错误判断:法律体系创制法律规则的实践依赖于其自身的机制。④

---

① 诺尔:《法律学说》,第 37 页。
② 马德尔:《立法评估》,第 31 页。另见克雷姆斯:《关于立法原则基本问题的讨论——基于最近有关山地破坏新规的立法提案》(B. Krems, *Grundfragen der Gesetzgebungslehre erörtert anhand neuerer Gesetzgebungsvorhaben der Neuregelung des Bergschadenrechts*, Duncker and Humblot, Berlin, 1979),第 41 页;西:《立法的实施与影响作用分析》(W. Zeh, "Vollzugskontrolle und Wirkungsbeobachtung als Teilfunktion der Gesetzgebung", in *Gesetzgebungstheorie und Rechtspolitik: Jahrbuch für Rechtssoziologie und Rechtstheorie*, XIII, 1988),第 195 页。
③ 哈贝马斯:《政治舆论的科学化》(J. Habermas, "Scientificisation de la politique et opinion publique", in *La science et la technique comme 'idéologie'*, Gallimard, Paris, 1968),第 99 页。
④ 持这种批评意见的学者有时是那些并非真正热衷于立法理论研究的人,如舍恩赫尔:《论奥地利立法语言与技术》(F. Schonherr, "Zur Oesterreichischen Gesetzessprake und-Technik", in *Sozialintergrierte Gesetzgebung: Wege zum guten und verständlichen Gesetz*, Bundesministerium für Justiz, Vienna, 1973),第 337 页;佩兰:《立法"科学"的可能性与局限性》(F. Perrin, "Possibilités et limites d'une 'science' de la législation", in P. Amselek ed., *La science de la législation*, Presses Universitaires de France, Paris, 1988),第 21—36 页;佛朗科斯卡:《论法律——理性立法的工具?》(S. Wronkowska, "Das Rechtsgebungsgesetz—Instrument eines rationellen Gesetzgebungsprozesses?", in H. Schäffer and O. Trifferer eds., *Rationalisierung der Gesetzgebung: Jürgen Rödig Gedächtnissymposium*, Nomos, Baden-Baden, 1984),第 278 页及以下诸页;西:《立法的实施与影响作用分析》,第 194 页及以下诸页。

29　　　这涉及法官和学者的关系。如前所述,学者采纳的是诠释学的观点,即一种包含法律体系内行为者内在观点的外在观点(学者的诠释学观点)。就法官而言,如上文所坚持的,他采纳的是一种包含外在观点的内在观点(法官的诠释学观点)。两种观点对于内在观点的认知面向的处理都一样。然而,被排除的是行为者内在观点的意志面向,这反过来被学者的认知性解释所吸收了。换句话说,法官自己做决策。学者的所有解释能提供的就是一些有关规则可能含义的启发,而不是为法官提供唯一真实的或正确的含义。

我们可以对立法者的观点做一个类似的、尽管稍微复杂的观察。这是下节的任务。

(三) 立法者的观点:仍是另一版本的诠释学的观点吗?

根据法治原则,任何立法活动都受到有关立法形式和内容规则的限制。在这方面,立法者的立场和法官的立场类似。然而,明显的事实就是,在对待约束他的规则时,立法者比法官更为自由。尽管这和本主题有关,但我们关注的不是立法者的自由,而是规则对自由的限制。

教义学的法律理论重点专注于法官的任务,因而没有关于立法者行为的一般理论。本文第一节对此种缺失做了简短的解释。本节中,我将提出一种研究法律的立法法理学方法框架。显然在本文的内容中,我仅能描绘这种方法的大致线条,我将在其他场合做更深入的论述。

在前文讨论与法官的诠释学观点的关系时,曾谈到由于其与学者的诠释学观点的关系,法官可以依赖于超出法律的解释。立法者通过在超出法律的信息基础上确立的定义,而根据其政策洞见转变成法律规则。在与超出法律的信息的依赖程度的关系上,不论立法者的自由和法官的自由之间存在什么差异,二者都享有一定程度的自由。

下面要讨论的就是立法被认为是一种艺术。用这句话描述立法活动,我相信所隐藏的内容要远超出所解释的内容。的确,将立法视为艺术,会把立法描绘成为一种由知晓社区、民族和国家最佳需求的英明而仁慈的人所从事的神秘活动。这种观点与强势法条主义及主权概念最为吻合。根据这种法律创制理念,法律与选择或决策有关这一事实不是被否认了,而是被简单隐藏了。① 没有什么比赋予立法以艺术特质的做法与此思想更契合的了。艺术行为本身不是理性的。然而,这并非否认存在有关艺术的有价值的理论解释。但我相信,艺术行为本身和政治行为一样,并没有终极理性基础。艺术创造有其自身机制,这是能够进行理论阐释的。但和立法一样,这些阐释不能替代艺术创造本身,因为这是理论而不是艺术。

当立法行为被认定为是理性的时,这意味着它处理的是立法者遵守规则的认知面向,或者更精确地说,处理的是立法者内在观点的认知面向。因此,立法中的理性意味着,立法者不仅仅是以法律规则的形式宣布自己的主观偏好。只要认真对待立法者内在观点的认知面向,立法行为将变得更加理性。如何分析这一点呢?

在谈及法律内容的有效性时,进入律师头脑中的核心思想是法律上的有效性。当一个规则是根据法律体系内具有更高位阶效力的(即更为普遍的)规范而颁布的时,它在法律上就是有效的。② 规则的这类有效性是与体系相关的。因为法律上的有效性标准是在法律体系内被

---

① 班科夫斯基:《别想它:法条主义与合法律性》,第47页。
② 凯尔森:《纯粹法学》(H. Kelsen, *Reine Rechtslehre*, 2nd edn., Deuticke Verlag, Vienna, 1976),第200页及以下诸页。

发现的。这是本文主张的法律概念的第一个论点。① 然而,在司法解释中法官(根据上文所提出的第三个和第四个论点)不必拘泥于法律的标准,这是因为"内在认知-内在意志"的观点是难以令人满意的这一事实。相反,法官的观点被称为法官的诠释学观点,因而包括了学者的诠释学观点。

立法者可以被认为是按照一种更强调其自由的模式进行推理的。然而,一旦面对更多样的有效性概念,这种自由则不仅仅受到合法律性的约束。在这方面,立法者在立法过程中决定着法律规则的认知内容。与此互补的则是赋予此认知内容以有效性的法律形式。后者涉及的是立法者内在观点的意志面向,但并非仅限于此意志面向。换句话说,在创制法律规则时,立法者不仅仅是适用宪法规则。说立法者依赖于那些被转换成法律产出的社会投入,显然过于轻描淡写了。更为具体的问题是:规则创制行为如何与立法者的观点相联系?

我相信,答案很简单。和讨论法官时一样,用"内在认知-内在意志"观点描述立法者创制规则也是一种不太恰当的方式。相反,立法者有内在观点,因为他接受规制其立法行为的规则为规范。然而,这些规则的认知面向含有丰富的社会信息。仅关注规则本身是难以捕获这些社会信息的。相反,立法者将宪法规则作为规范,同时,在决定所创制规则的认知模式时,他也重视外在观点。这是和法官的观点的又一个相似之外,如前文所述。

就所持外在观点而言,立法者不会将社会信息作为原材料。相反,它们被学者的工作过滤了。因此,社会信息被整理成与立法相关的社会现实知识。所以,立法者的内在观点的认知面向被源自外在观点的

---

① 见温特根斯:《法律、原则和理论:实证主义批判》。

认知面向所填充了。这意味着,与法官的观点相比,立法者自己所持的是一种诠释学的观点。我称之为立法者的诠释学观点(hermeneutic point of view$_1$)。立法者的诠释学观点可以通过以下方式与有效性概念相联系。法律规则的形式有效性可以和立法者的诠释学观点的意志面向相关。这是立法者赋予某一提案法律上有效性的意志表达。这是立法者所创制规则的一种体系内品质。但根据与立法者的诠释学观点相融合的外在观点,将出现其他类型的有效性。这些有效性与立法者的诠释学观点的认知面向有关。

在这方面,从社会学的视角看,规则被认为是有实效的(effective);而从社会道德的视角看,规则被认为是正当的。经济学可以为立法者提供经济上的合理决定。所有这些方法,以及其他可能的方法,都从各自的理论视角来处理法律的有效性的一个方面。它们从各自学科出发,为立法者提供了诸多判断什么是有效提案的额外方法。因此,这些都是外在的观点。

此处要再次提及上文所说的告诫。即立法法理学对法律的研究并不是用立法法理学学者的工作替代立法者的规则制定。心存此念,我认同阿赫特贝格(Achterberg)的观点。① 他提出这个问题:如何在理论上将法律之外的因素引入法律体系之内? 一方面,他确信科学控制是影响立法正当性的一种可能性;另一方面,他关注的是立法者在事实上与此类控制的关系。换句话说,立法者的诠释学观点的意志面向并未被削弱。

---

① 阿赫特贝格:《法律基础理论对科学立法的控制》(N. Achterberg, "Rechtstheoretische Grundlagen einer Kontrolle der Gesetzgebung durch die Wissenschaft", in *Theorie und Dogmatik des Oeffentlichen Rechts: Ausgewählte Abhandlungen 1960 – 1980 von Norbert Achterberg*, Duncker und Humblot, Berlin, 1980),第41—50页。

阿赫特贝格强调,重要的是,仅在违宪审查层面上,这种事实上的或外部的控制才能被转化为内在的或规范的控制。结果就是,通过这种转化,良好立法的标准可以被融入宪法,并通过司法审查程序得到控制。我将通过对德国联邦宪法法院(Bundesverfassungsgericht)处理该问题的简要考察来阐明这点。

(四) 联邦宪法法院与立法的理性

正如一位德国学者所雄辩地论述的:立法者有一种反映宪法的义务。① 他认为,此义务可以从法治国原则(Rechtsstaatlichkeit)、民主原则(Demokratie)和联邦国家原则(Bundesstaatlichkeit)中演绎出来。②

反映的义务不仅仅是遵守宪法规则。它不只意味着创制法律规则时的道德义务。相反,根据联邦宪法法院的判决,反映的义务还指愿望的道德。这暗含着一种立法的美德。因此,尽管宪法中没有包含有关良好立法的明确条款,但并不阻碍联邦宪法法院为立法者设定此类限制。

古西(Gusy)③在分析联邦宪法法院的判决时,曾从立法法理学的视角解析出用于判断立法质量的五个标准:(1)证立事实的义务;(2)权

---

① 霍夫曼:《宪法对理性立法过程的限制——论德国法中的内部立法程序》(G. Hoffmann, "Das verfassungsrechtliche Gebot der Rationalität im Gesetzgebungsverfahren. Zum 'inneren Gesetzgebungsverfahren' im bundesdeutschen Recht", *Zeitschrift für Gesetzgebung*, 1990),第97—107页。

② 同上。另见门格尔:《立法者的程序性义务及其宪法控制》(H. -J. Mengel, "Die verfahrensmässigen Pflichten des Gesetzgebers und ihre verfassungsrechtliche Kontrolle", *Zeitschrift für Gesetzgebung*, 1990),第193—212页。他主张立法的正当程序。

③ 古西:《作为立法规范的基本法》(C. Gusy, "Das Grundgesetz als normative Gesetzgebungslehre", *Zeitschrift für Rechtspolitik*, 1985),第291—299页,尤其是第292—295页。同样的分析见莫朗:《关于立法设计的方法与宪法要求》(C. -A. Morand, "Die Erfordernisse der Gesetzgebungsmethodik und des Verfassungsrechts im Hinblick auf die Gestaltung der Rechtsvorschriften", *Jahrbuch für Rechtssoziologie und Rechtstheorie*, XIII, 1988),第11—29页。

衡的义务;(3)预判后果或预期评估的义务;(4)将未来环境纳入考量的义务;(5)在将来修正立法或再评估的义务。在提出我自己的观点前,我想简要评述一下这几个标准。

(1)证立事实的义务意味着,根据联邦宪法法院的判决,立法者必须表明他针对实际状况开展了社会调研。立法者可以通过诸如组织听证或调查委员会等方式履行该义务,以证明"立法机关应当以当下的经验和观点为指引"。①

(2)权衡的义务形成的前提是,事实本身不会提供特定解决方案。此义务的核心就是,立法者必须表明其所公布的规则是权衡多个可选方案后做出的。一个最优的规则应当是,根据掌握的所有事实[见(1)]进行权衡,以证明其所公布的规则明显优于其他可选方案。

(3)预判后果或预期评估的义务则与立法者心中的某些特定后果将要实现的可能性相关。这些后果,包括不利的或不确定的后果,都应以可证实的方式得到体现。并非任何情况都能被预见,因此该义务只能理解为合理预见。这引出了下面两项义务。

(4)将未来环境纳入考量的义务意味着,立法者不能对规则的现实后果漠不关心。所有规则在公布后即独立于立法者。在这方面,显然能看到规则创制与规则适用的互动,结论就是"立法和法律适用成为一个高度相关的有机体系"。②

(5)在将来修正立法或再评估的义务包括了立法者重新认识其所创制规则的缺陷的义务。这些缺陷是根据其他标准的新洞见发现的。

从上述分析中能得出什么结论呢?

---

① 古西:《作为立法规范的基本法》,第293页。
② 同上,第294页。

联邦宪法法院向立法者施加了反映的义务,这清晰地展示了本文提出的研究立法的立法法理学方法。这就是说,反映的义务和立法者的理性这个短语一样,不是通过对理性的假定得到展现,而是通过提出理性立法应当满足的具体要求而得到展现。立法的理性与此思想相关,即立法意味着做出决定且该决定是有选择的。联邦宪法法院要求立法者做的就是,展现出他是如何做出决定的。转换成前文的术语就是:这意味着,根据联邦宪法法院的裁判,立法者必须持立法者的诠释学观点。他不能将立法权的行使过程隐藏在一种假定的内在观点——"内在认知-内在意志"观点——的意志面向之后。相反,立法者必须表明其决策反映的是一种知情选择。

这么看,立法就是一个过程。在此过程中,认知面向和意志面向都发挥了作用。且联邦宪法法院强调,立法者必须展示其决策的认知面向。立法决策应当是在对现实状态进行社会调研的基础上做出的。提出此要求就清楚地表明了法院的立场。

这种立场与弱势法条主义模式相吻合。根据弱势法条主义,立法至少在一定程度上处于价值与实现价值的规则的工具关系中。然而,立法者使用某种方式以实现特定目的的决策却被法院控制。因此,只要与此观点的认知面向有关,法院采纳的法官的诠释学观点和立法者采纳的立法者的诠释学观点就是一样的。从立法法理学的视角看,如果法院也处理立法者的诠释学观点的意志面向,那么就是对立法权的篡夺——这显然违反了权力分立原则。

然而,古西对这种司法审查方法的结论却是消极的。他认为,基于社会的复杂性以及议会从社会中获得的信息最少这两方面事实,在立法过程中难以获得充分信息。原因在于,对立法机关的成员并没有提出需要有关社会科学知识的要求。古西最后说道:

基本法中缺乏所有强调认知过程的法律预防措施……在这个意义上,民主的"少数服从多数"不是"事实正确",而是一种妥协。①

他的结论是:

立法过程是决策程序而不是认知过程。因此,它不可能被优化。②

他的结论有损研究立法的立法法理学方法。这让我们想起了凯尔森的立法概念,即立法决策是完全由政治而非科学决定的纯意志行为。在此不描述更为消极的观点,因为它仅关注立法者观点的意志面向。它因而否认下述思想:立法是一种根据规则行事的行为;为使其变得理性,此行为包含了认知因素和意志因素。因此,本文讨论的方法将立法者的观点看作是一种特殊版本的诠释学观点。

此种观点的流行依赖于一种融贯性(coherence)的概念,下节将做简要分析。③

(五) 法官的诠释学观点、立法者的诠释学观点和融贯性

法律体系的融贯性是由一致性(consistency)共同决定的。在此意

---

① 古西:《作为立法规范的基本法》,第297页。
② 同上,第297页。
③ 此处的融贯性(coherence)概念是对温特根斯《法律的融贯性》(L. J. Wintgens, "Coherence of Law", *ARSP*, 1993, pp. 483 – 519)一文思想的进一步发展。

义上,融贯性有多个特征,一致性是其中之一。① 因而,一致性是融贯性的一个条件。当矛盾的规则之间谈不上融贯时,一致性是融贯性的必要条件。然而,需要区分两种不同意义的一致性概念。并发的或同时的不一致意味着一个法律体系(包括单个司法的规范)内包含两个彼此矛盾的规则。② 跨时的不一致意味着一个法律体系可以在不同时期包容相冲突的规则——司法裁决可以被推翻,规则可以被改变,等等。③ 然而,前一种一致性概念是理性(因而也是融贯性)的必要条件,根据同一性原则(principle of identity),后一种一致性概念却不是融贯性的必要条件。跨时的不一致能使规则完美地融贯,如阿历克西(Alexy)和佩岑尼克(Peczenik)从理论的视角所阐述的那样。④ 根据此观点,一致性是调节性的:在一致性与融贯性的关系上,有一个程度问题,因而融贯性也使得法律体系具有可变特征。

由于法律或法律体系被认为是一种"生活方式",如麦考密克和阿尔尼奥所阐述的,⑤因而,融贯性不但是一个逻辑问题,也是一个"使整体有意义"的问题。"使整体有意义"指的是"规范体系的整体"。正如麦考密克所说:"大体而言,司法判决必须对现实有意义,并且它们必须

---

① 布劳威尔:《法律的连贯性:分析性研究》(P. W. Brouwer, *Samenhang in het recht: Een analytische studie*, Wolters-Noordhoff, Groningen, 1990),第5、25页。

② 如见 Cass, 27 September 1977, Pasicrisie, 1977, Ⅰ,第111页。(上诉法官判决,嫌疑人未遵守交通优先权的规则,但根据同一规则他也享有优先权。因此,判决反转了。)

③ 关于此区别,见柯恩豪斯、萨格尔:《为法院松绑》(L. A. Kornhauser and L. G. Sager, "Unpacking the Court", *Yale Law Journal*, 1986),第105页及以下诸页。

④ 参见阿列克西、佩岑尼克:《融贯性的概念及其对商谈理性的重要性》(R. Alexy and A. Peczenik, "The Concept of Coherence and Its Significance for Discursive Rationality", *Ratio Juris*, 1990),第130页及以下诸页。

⑤ 麦考密克:《法律证成中的融贯性》(N. MacCormick, "Coherence in Legal Justification", in W. Krawietz, et al. eds., *Theorie der Normen: Festgabe für Ota Weinberger zum 65. Geburtstag*, Duncker and Humblot, Berlin, 1984),第41—42页;阿尔尼奥:《论法律推理》(A. Aarnio, *On Legal Reasoning*, Turun Yliopisto, Turku, 1977),第126—129页。

在法律体系的整体中有意义。"①

司法判决对现实有意义,这意味着它不仅必须与整个法律体系相一致,还必须与现实相一致。此要求意味着,法官在证成他们的判决时,不仅应使之与法律体系相协调,还应使之与社会现实相协调。为了与现实相一致,法官的观点应被认为是法官的诠释学观点,既包括法官对待法律规则的规范性态度,也包括从外在观点来看的可能解释。②

作为司法判决基础的融贯性概念,可以系统地表述如下:

(1)同时的一致性(simultaneous consistency)对所有司法判决而言是一个绝对要求。它意味着在一个司法判决中不允许存在不一致或矛盾。因此,这也是以下各层次融贯性的基础。

(2)第一层次的融贯性或跨时的一致性(first-level coherence or consecutive consistency),在此层次上的司法判决意味着司法裁决应在不同时期保持一致。证立此要求的理由有:首先,在判例法法律体系中,遵循先例是一项法律义务;其次,法律的规范性或其普适性不允许在没有充分理由的情况下对类似的案件以不同方式适用,否则将否定法律的规范性;最后,与第二点理由相联系,跨时的一致性是一个形式正义或法律面前平等的问题,它意味着此要求,即相同案件应当相同对待,除非有不这么做的正当理由。

(3)第二层次的融贯性(second-level coherence)涉及的是法律体系作为整体的融贯性,但仅是在法律体系之内的融贯性。当法官裁决案件必须在法律体系内的不同规则之间做出选择时,就涉及第二层次的融贯性的司法论证。因此,如果法官需要决定被告是依侵权规则享有索

---

① 麦考密克:《法律推理与法律理论》,第103页。
② 如本书第26页脚注③所述,这属于学者的诠释学观点。

赔的权利,还是主张合同损害赔偿的权利,就不得不在两个不同的法律领域中进行选择以做出裁决。体系解释或根据其他法律来解读某法律,是第二层次的融贯性的又一个例子。① 因此,第二层次的融贯性论证会导致法律体系内的位移,即选择不同的规则或对不同法律规则的(再)结合,会导致裁决与此前裁决的不一致。

然而,这种(跨时的)不一致并不会损害法律体系的融贯性。毫无疑问,此时不遵循先例会在法律体系内更有意义。但法律体系内的规则不会自我解读,这些规则本身也不会有任何规则选择或体系解释问题。因而,第二层次的融贯性涉及论证背景的融贯性,且包含了比遵循先例更丰富的内容。

当运用第二层次的融贯性来论证司法裁决时,表面上看起来似乎是在法律体系内进行的。如果这是真的,随之而来的就是,司法推理仅仅是一个逻辑演绎的问题。三段论的推理或演绎推理将结论形式化,而不是将思考过程本身形式化。说演绎推理本身不适合得出结论,这就过于轻描淡写了。因此,第二层次的融贯性论证涉及被纳入法律论证的非法律因素。这种超越法律的论证组成了第三层次的融贯性。

(4)在超越法律的论证转化为法律论证时,就会涉及第三层次的融贯性(third-level coherence)。在上文引用过的案例中,比利时最高法院裁决,滥用(财产)权利构成民法典第1382条意义上的侵权。当我们读

---

① 如见 Cass, 10 September 1971, Pasicrisie, 1972,第28页及以下诸页。法院判定,原告主张被告的住宅侵占了原告土地面积的1平方米,原告的这一主张表面上并未根据民法典第544条行使财产权。法院判决,原告构成权利滥用,根据民法典第1382条,这种行为也构成侵权。这一判决取决于对财产法规则和侵权规则的体系解释,因此限制了原告财产权行使的范围。进一步的论述见温特根斯:《法律与道德:一种批判性关系》(L. J. Wintgens, "Law and Morality: A Critical Relation", Ratio Juris, 1991),第177—201页。关于这点的其他例子,见温特根斯:《法律的融贯性》,第507页及以下诸页。

比利时的侵权规则时,仅能发现它要求被告为其过错造成的损害承担赔偿责任。法院实际上是从下述假定出发做出裁决的:一个人通过其获利远少于被告损失的方式行使其权利,是难以令人接受的,因而这种情形类似于侵权。然而,后一个论证不是法律上的论证,而是依赖于道德观念的,这一道德观念被转化成了侵权概念。

一个人可以根据经济学的推理得出同样的结论,只要这能更高效地做出有利于被告的裁决(即由原告给予其补偿),而原告被一个禁止利用其权利的禁令所惩治。这种结论绝非逻辑上难以接受的,且涉及对超出法律的内容的发掘。这也使得法律体系内的法律规则有了可替代的解释。在这方面,法官采纳的是诠释学的观点:他的裁决与被接受为规范(内在观点)的体系内的规则相联系,同时此解决方案又能与依学者的诠释学观点获得的解释相联系。①

正是通过此法官的诠释学观点,法官才可以运用第三层次的融贯性进行推理。"使整体有意义"的融贯性涵盖了诉诸一个比法律体系自身更大的整体进行论证。

根据本文所讨论的立法法理学方法,可以说,立法者也能用同样的方式进行推理。作为立法活动基础的融贯性概念可以系统地表述如下。

(1)同时的一致性,和在司法判决中一样,是一个绝对要求。据此,在一个立法决策中不容许存在矛盾。一条规定红灯亮时允许行车同时又规定有停车义务的规则是不符合此要求的。②

---

① 另见杜科米尔、科瑞尔:《财产法》(J. Dukeminier and J. E. Krier, *Property*, 2nd edn., Little, Brown and Co, Boston/Toronto, 1988),第785页及以下诸页;卡拉布雷西、梅拉梅德:《财产规则、责任规则和不可让渡性》,第1089—1128页。

② 参见富勒:《法律的道德性》,第65—70页。

(2)第一层次的融贯性对立法者提出的要求是,与法官类似,遵守先前的规则。法官的判决应尽可能地与先例相一致(基于道德的或法律的原因)。立法领域内第一层次的融贯性为立法设定了消极约束。尽管立法者有较大的自由改变其制定的规则,第一层次的融贯性却要求他不得过于频繁地改变这些规则。① 这也可以被认为是形式正义的必备要求,如坎贝尔(Campell)所言:

> 不对类似案件适用相同规则是有违形式正义的,因而必须信守:改变规则在形式上是不正义的,因为这会导致对处于在本质上同样状态的人仅因案件发生时间不同这一毫无不相干的理由而做出不同处理。②

尽管立法者在其规则设定时享有比法官更大的自由,其自由却受到第一层次的融贯性的限制。因此,他必须为改变现有规则提供好的理由。

(3)立法中第二层次的融贯性包含尽可能地尊重现有法律体系的义务。这意味着,在创制新规则时,立法者应小心避免使法律体系陷于混乱。的确,法律体系中的某些分支呈现出高度的体系性(如比利时的合同法)。立法中的任何修改都可能损害这种体系性或系统融贯性。如果法律体系是在整体上有意义的(在体系内),则第二层次的融贯性

---

① 参见富勒:《法律的道德性》,第 79—81 页。
② 坎贝尔:《形式正义与规则改变》(T. D. Campbell, "Formal Justice and Rule Change", *Analysis*, 1973),第 113 页。

要求立法者制定的新规则尽可能地与这个整体相吻合。① 系统立法的要求与法律体系作为整体的结构有关,立法者应当尊重此结构。②

(4)立法者的第三层次的融贯性论证涉及将法律体系与社会现实相联系。事实上,立法者是将社会信息转译成法律规则。且在此层次的论证中,他还对其决策加以论证,如诉诸社会世界中的真实状态。例如,比利时仲裁法院裁决,在当下的立法和现实社会经济环境中,区别对待工人和文员不再正当。③ 有关社会经济方面的知识使法律体系作为一个整体(包括社会现实)更为融贯,只有在立法者采纳立法者的诠释学观点时,才可以获得这些知识。

五、小结与结论

在这篇有关立法的理性的论文中,有些观点涉及两种裁断行为的关系,即做出立法决策和做出司法裁决的关系。在解释了强势法条主义导致立法法理学研究有所欠缺之后,本文还探讨了哈特对内在观点和外在观点做出区分的理论。之后,我专注于诠释学观点,并分析了三种不同的诠释学观点。学者的诠释学观点,即一个学者从包含行为者的内在观点的外在观点来考察法律体系。法官采取的是法官的诠释学

---

① 见 Court of Arbitration, 23 May 1990, No. 18/90, *Moniteur belge*, 27 July 1990, 14. 767ff。法院在本案中判决,立法者制定的规则忽略了比利时法律体系的基本原则,即违反了平等原则。

② 见 Court of Arbitration, 21 January 1993, No. 3/93, *Moniteur belge*, 5 February 1993; Court of Arbitration, 1 December 1993, No. 82/93, *Moniteur belge*, 19 December 1994; Court of Arbitration, 16 June 1994, No. 46/94, *Moniteur belge*, 6 July 1994。

③ Court of Arbitration, 29 September 1993, No. 69/93, *Moniteur belge*, 27 October 1993; Court of Arbitration, 1 December 1993, No. 82/93, *Moniteur belge*, 16 December 1993; Court of Arbitration, 22 June 1994, No. 50/94, *Moniteur belge*, 7 July 1994.

观点,因此在他接受规范作为准则的同时,也包括了从学者的诠释学观点获得可能解释的替代方案。立法者采取的是立法者的诠释学观点,这意味着立法者将宪法规范作为准则来遵守,但同时他也从外在观点获得这些规范含义的可能解释。这仅是关于法律如何结合社会现实的一种理论说法。

这为研究法律开启了立法法理学方法的大门,即研究理性立法。立法法理学兼具理论性和实践性。理论性的一面涉及的是,从司法的和立法的视角(以及二者之间的相似性)分析主权概念、法律体系与社会现实的关系等问题,这些关系(正如前面所讨论过的)都是建立在法律体系的融贯性概念基础上的;实践性的一面涉及的是理性立法的具体标准的确立。能否在一个法律体系中实现这些标准,取决于根据掌权者的诠释学观点所构建的机制。

通过立法构建社会

埃里克森(Lars D. Eriksson)

一、引 言

为了成为理性的社会行为者,我们必须能够预测我们的行为;我们必须知道我们所做决定的后果。但是,我们有必要始终如一吗?我们的决定必须与内心保持一致吗?我承认,作为律师和法律学者,我们必须致力于实现一致性和统一性。但这是否意味着,立法者也必须和法官、律师和法律学者一样?我对这一点也不确定。立法法理学不是也不必是法理学。

事实上,我们从来都无法预测我们行为的所有后果。原因在于,我们行动的理性和决策的理性通常是高度可疑的。的确,相比较而言,做出与内心一致的行动和决定,远比做出与预测结果相一致的行动和决定更容易。因此,我认为,我们通常偏爱强调一致性和统一性的理性定义。与强调决策后果可预测性的理性概念相比,选择追求一致性和统一性的理性概念更为可靠。

我认为,立法法理学如果要成为一种严谨的理论方法,必须致力于研究后果可预测性问题。立法法理学必须研究立法者的核心问题,而非法官或者法律学者的核心问题。在本文中,我将质疑一种最为普遍的对福利国家的理解。我认为,福利国家不应当被认为是社会主义国家的结果,而是古典自由主义的结果。当然,我这么说,并不意味着福利国家的自由主义应当被认为是自由主义者的蓄意阴谋。我只是试图主张,那些福利国家的权威支持者(不论是立法者、政治家还是律师)用的概念工具都源于自由主义传统。我相信,福利国家支持者的真实目的是要建立一个既尊重个人自由和财富,又追求社会正义和公平的国家与社会。

尽管如此,我们今天所看到的是一个建立在极端个人主义权利观和将个人权利作为法律体系的根本基础之上的福利国家。今天我们没有看到这样一个福利国家,即伦理观念与法律体系都以相互责任和互惠为基础。正义和公平只是最后的集体价值。一个建立在正义和公平基础上的社会,将会是以某些社群主义原则为基础的社会和法律秩序。但是,个人主义自由观和权利观的逻辑容不得半点社群主义伦理或社群主义法律要素。

福利国家的自由主义不仅导致了权利的正当性和宪法化秩序(其根本原则就是捍卫个人法律权利),也摧毁了那些可能有效维护集体价值、可替代的社会组织原则的社会联系与社会结构。

我将论证的悖论就是,福利国家支持者的立法目标从未按照立法者预定的方式实现。福利主义的结果并不是立法者所预期的结果。

二、 自由国家与福利国家

"二战"以来,自由国家和福利国家一直被认为是两种截然不同的国家模式。自由国家就是实行不受约束的市场经济和资本主义的国家;国家权力的范围应当最小化,除非确有必要捍卫个人自由、秩序和安全,国家不应当干预社会或者经济。社会的各个子系统则是根据自身内在逻辑运作形成的自发秩序。相反,福利国家则被认为通过国家干预和更全面的社会安全网络来限制与调整野蛮的市场经济。

自由主义者主张自由国家最根本的价值是自由:应当保障个人的最佳自由以实现其愿望和目标。福利国家支持者坚持福利国家的最根本价值是社会正义:应当确保每个人都确实能够过上最基本的生活,即确保每个人都过上与其年龄、健康状况和工作相称的生活。因此,福利国家预设了社会公平和收入的公平分配。过去我们习惯这么思考,但在福利国家经历严重危机后,质疑这些观念的时间到了。我认为,福利国家并非一种全新的国家模式,且在本质上与自由国家并无二致。相反,我确信,福利国家就是自由国家的极致发展而已。

我将尝试说得更加具体。正是公民权利和政治权利的存在将自由国家与早期国家模式得以区分开来。这些权利的特征就是授予公民和个人对抗国家的权利。国家必须尊重公民个人的表达自由,尊重他们的财产权利,等等。这意味着自由国家在其发展初期首要且最为重要的是扮演消极角色:公民权利为国家能做什么和不能做什么划定了界限。这些权利赋予公民对国家的具体诉权。但仅到此为止,没有更进一步!这些权利是纵向发挥作用的:赋予公民起诉国家的权利,同时为国家设定了相应的义务。但是这些权利迄今都没有横向发挥作用,即并未给公民相互之间赋予任何权利。权利关系本质上是一种公民与国家之间的关系。在个人相互关系上,个人被允许做他们想做的任何事情。

福利国家引入了社会、经济和文化权利,比如就业权、受教育权、基本生活保障权、拥有健康工作环境的权利、养老权等等。正是这些权利的存在被视为是现代福利国家的特征。主流观点也据此认为这构成了新的国家模式。但是,让我们认真审视一下这个问题:社会、经济和文化权利是否的确有新的特质？通常认为，这些权利的目的是在公民之间创造实质平等，而传统公民权利的目的仅仅是保障公民的自由。这或许是对的，我对此不予辩驳。

常常引发争论的是，社会、经济和文化权利预设了国家的积极作为和措施：国家有义务积极创造就业，为公民提供教育设施，提供卫生保健服务，保障老年人的生活，等等。换言之，与传统权利相反，社会权利预设了国家的积极干预。众所周知，传统权利明确禁止国家介入宪法所保护的自由领域。

总之，首先，社会权利的目标在于促进社会正义，而传统权利的目标则在于保障个人自由；其次，传统权利要求国家不作为，社会权利直接要求国家有所作为。无疑，福利权利为国家机构赋予了新的任务，并为绝大多数公民保障了基本生活。对此我并不否认，我所否认的是这些权利彻底推翻了自由主义。

第一，事实上，与传统权利一样，福利权利也是纵向发挥作用的。为实现其社会和经济权利，市民个体必须诉诸国家机构。社会和经济权利不能横向发挥作用。如果我失业了，我不能要求我的雇主提供工作。在我病了或者老了的时候，我也不能要求从家人、朋友或者邻居那里获得照顾。

第二，福利权利同样也是个体权利。对于儿童福利、失业补助、医疗福利或者养老金福利等等，我仅仅享有个体权利。我仅仅能作为原子的、孤立的个体来实现这些权利。在此意义上，社会和经济权利的个人主义逻辑与传统权利如出一辙。

第三，尽管社会权利暗含了（至少不是直接地）国家对社会和经济过程的能动干预，然而，它们仍保留了终将导致社会不公的那些完整的社会和经济结构。我眼下正慎重考虑的是那些市场经济结构，迄今为止社会权利尚未以任何重要的方式扰乱它。从这一点看,福利国家似乎仅仅是传统自由主义的变种。

福利国家今天面临的危机至少部分是由以下事实所致:福利权利的范围原则上不受限制。事实上,这些权利是没有限度的:在新的个人需求出现时,或者当我们意识到某些实际需求时,我们总能将那些需要满足的需求以法律权利的形式体现出来。只要经济增长有保障,一国之内的这些无限扩展的需求就不会产生问题;但在经济下行时期,这一系统就会面临即将崩溃的风险。

三、与福利权利有关的一些问题

个体权利意味着国家机构有实现这些权利的具体义务和责任。

1. 以权利为中心的系统导致公民道德责任感的下降。这种观点几乎是毫无根据的。如我们所见到的,社会权利仅仅形成了个体对国家的诉求,但没有对公民和个体自身施加社会义务。事实是,我有医疗福利,但这并未给我施加任何照顾生病亲友的义务。我获得失业补助福利的事实并未对我施加帮助其他失业者就业的义务。整个系统迫使我只关注自身权利,确保我的权利得到尊重和重视。当我生病时,我有权利在医院获得病床,而不管我最好的朋友是否更需要病床;我有权获得失业救助,而不管我的邻居是否比我更需要一份工作;等等。长此以往,社会团结和互惠的各种形式都将消失。

2. 然而,还有更多问题。社会权利仅仅是当代人的权利。它们缺乏一个历史维度。这些权利的逻辑不会要求我们为下一代考虑,即它们没有给我们施加对未来的义务。我有权获得自己曾缴纳的其中一部分养老金,但我却没有任何义务去提升和保证那些在我之后老去的人的合理生活水平。

3. 此外,作为个体,我们享有无对应义务的权利。这很容易导致我们普遍与整个政治系统形成一种被动关系。我可以将自己局限在通过口头或书面方式提出诉求。如果基于某种原因未被接受的话,还可以上诉至更高的机关。除可能需要律师外,我不需要别人的帮助或支持。比如,我失业了,却没有收到我的失业救济金。在任何情况下,我都不需要向其他失业人员求助以发动一项抗议,我仅需就此项给付不足的决定提起上诉。因此,在众多失业者当中无法形成广泛的抗议行动。这难道不奇怪吗?福利国家创造了一个个人主义的权利系统,这一系统在事实上抑制了公民行动,而没有动员公民行动。

4. 换而言之,福利权利有助于社会问题的普遍去政治化。然而,这种去政治化并非仅通过一种被动的方式展现出来,它也通过更为具体的方式得到表达。社会权利经常赋予政府干预传统公民权利的广泛权力。为了得到我的某项社会权利,我可能会被迫放弃一些公民权利。显然,这种不同权利之间的冲突会对人们有关独立的成年个体的观念造成影响。公民权利的目的就是培养独立、自治的个体,但这一目标可能会被那些以剥夺公民权利为附加条件的社会权利完全摧毁。

四、一个例子:工作发生了什么变化?

与几个世纪以来的家庭一样,工作发挥着福利机构的功能。工作不仅是一个场所,还是一个社会共同体,在一起工作的人们至少保留着某种相互间的责任和团结关系。自由时代——我把它包括在福利国家时代中——已经发生的是工作逐渐演变成个体的权利,即一种从特定工作场所领薪水的权利,或者是无法找到工作时领取失业救济金的权利。工作的社会功能或多或少地陷入这一背景之中。工作权利,理想中应当被认为是一种社会集体保障个人基本生活的权利,但在实践中却退化为一项个体权利,即完成工作后获得薪水或者无法就业时获得社会救济的权利。举例来说,在此背景下,今天的工会运动在吸收和组织会员时面临着前所未有的问题,这不是很奇怪吗?在一个完全的权利本位和个人主义的工作(就业)概念下,当然很难动员工人们为了公共利益采取联合行动。事实上,这个世界的公共利益就是,工作的社会功能在于赋予个人获得薪水或者经济福利的权益。

我承认,迄今为止我所说的东西都是极端保守的。然而,我尝试论述的在于,传统自由国家和现代福利国家的强烈的权利本位导致的结果就是,很多有助于团结和互惠的社会结构——这些社会结构在社会微观层面发挥着早期福利机构的作用——消失了。在这一过程中,很多横向权利义务关系消解了。

在社会宏观层面,我们也看到了这种发展后果。在今天,已经鲜见关于公共利益的讨论和辩论了。那些有助于相关人员互惠和团结的福利立法项目往往因为"不现实"或者"不可接受"而被否决。政治辩论的主要精力放在讨论如何平衡相互冲突的特殊利益这一问题上。比如,关于"美好社会"和"公共利益"的讨论少之又少,关于我们特殊利益以及如何实现和强化个人权利的讨论却比比皆是。

五、 这真的是对立法法理学的一种贡献吗?

是的,我认为是一种贡献(假如存在任何立法法理学的完美理论的话)。我们分析那些在制定或者研究法律时有意使用的基本概念工具,不仅在理论上非常重要,在实践上也是如此。这些概念工具最终都是一些意识形态概念。本文中我尝试揭示自由主义范式下的法律权利。我认为这些权利的特征在于:第一,这些权利是个体权利,而且仅仅是个体权利;第二,它们是纵向的权利;第三,它们是没有相应个体义务的权利。

在这一理论框架中,我们无法实现诸如社群主义等非自由主义的目标。因此,我希望我的研究有助于分析法律与权力的关系。我相信,没有人会怀疑法律常常发挥政治权力工具的作用。如果我的分析是对的,那么在法律和权力之间就存在一种更深层次的关系。法律运行所依赖的理论框架最终是建立在有关国家与社会如何建构特定政治和意识形态观念基础上的,这一理论框架"使得"法律产出形成特定类型的法律规范和规则。这些规范和规则不可能与其所预设的目标相抵触。换言之,法律中的权力就是其政治意识形态所预设的权力。

当法律中的基本概念是建立在自由主义社会理念基础上时,立法不可能超越自由主义。那些可能渴望建构一个团结、互惠和平等社会的立法者,将通过他们制定的法律形成一个极端个人主义和碎片化的社会。立法者将成为他自己所创设的法律概念的囚徒。这一事实常常被立法理论所忽视。之所以被忽视,原因在于那些实际上为立法者准备草案的人(大多为律师)常常囿于法律一致性和统一性的思维。他们偏爱逻辑而非政治;他们偏爱法律传统而非政治和社会变迁。

我认为,立法者陷入了仅充当行政机关意志执行人的困境。摆脱此困境的唯一出路在于,立法者应当在详细分析立法后果的基础上做出立法决策。立法者必须能够预测决策的影响。

法律的一致性和统一性并非立法者的核心问题。立法者的根本任务在于制定实施效果符合立法决策目标的法律。当然,这可能会给法律、律师和法学教育者带来新的问题。但那是另外一个问题。在这里,我们不是在讨论法理学的问题,而是在讨论立法法理学的问题。

社会学视角中的立法理性

皮蒂拉(Kauko Pietilä)

一、哲学导言

康德将立法与人类的尊严(Würde)、理性(Vernünftigkeit)联系起来。他用一个复合句来描述三者:理性人的尊严就是服从且仅服从自己制定的法律。① 这一引用说明尊严、理性和遵守自己所立法律是不可分割的。它们构成一个整体,它们互为先决条件,并相互背书。

我们也可以从另一个角度解读康德的格言——理性人仅仅服从自己所立之法,即法律的实施如果没有被适用者的参与,就是不合理的(not reasonable)。如果理性(rational)等同于合理(reasonable),那样的立法则是不理性的。最终,如果我们的行动必须遵从我们的理性,由于没有其他

---

① I. Kant, *Grundlegung zur Metaphysik der Sitten* in *Werke*, IV, (Georg Reimer, Berlin, 1911/1785), 434. 我将这个出发点归结于瓦尔德斯:《法律安全与公平:1992 年奥托-布鲁西恩讲座》(E. Garzón Valdés, "Legal Security and Equity. Otto Brusiin Lecture 1992", in A. Aarnio, K. Pietilä and J. Uusitalo eds., *Interests, Morality and the Law*, Research Institute for Social Sciences, University of Tampere, Publication No. 14, 1996)。瓦尔德斯在文中暗示了两点,一是价值(Preis),二是尊严(Würde)。康德认为,它们是相互排斥的:"在目的王国的一切,或为价值,或为尊严。有价值的一切都可以用等价物替代;相反,高于价值且无可替代的,就是尊严。"

更好的终极权威指导我们,那么最为明智的就是不必遵守那样的法律。①

二、问题的实质

难题在于,如何在人们的日常生活实践中实现康德的格言。康德说的理性人都是单数形式的。然而,法律不可能是私人的、个体的。有词典这样解释法律:"由法院实施的一个或一系列规制政府机关与国民之间的关系、国民行为以及国民相互之间关系的规则。"②法律规范公民间的关系。没有哪个公民能有一部只适用于自己的法律。我无法通过仅要求自己始终如一、谨小慎微地遵循此命令的方式实现康德的根本要求。

对于康德建构的尊严和理性,在立法中我们有一个实践问题:如果我说你有义务遵守你自己所立的法律而非其他法律,那么,不论康德的"理性生命"(vernünftiges Wesen)的语法构成如何,这里的人称代词"你"(you)和"你自己"(yourself)都必须理解成所指的是很多人(一人以上),即通常所写的"你们"(you)和"你们自己"(yourselves)。③ 法律帝国总是涉及一人以上。实践问题是,为包含在"你们"和"你们自己"中的那些人找到一种他们能够决定应当遵守和不应当遵守的规则的程序。在同意的过程中,他们参与了法律的制定,因此是理性的和有尊严的。

我假定,通常而言,大多数法律的约束对象都没有以任何形式参与

---

① 我的目的就是避免这样一种情形:法律存在,但如果我听从我的良好理性的话,那么我不应该遵守法律。这是因为在这种情形下,某些权威必须尝试并迫使我服从。

② 《柯林斯英语词典》第一版(Collins English Dictionary and Thesaurus, Version 1.0, WordPerfect © and HarperCollins Publishers, 1992)。

③ 整个问题来源于卢梭的"公意"(general will)思想。查普曼认为,"在民主国家中正当化宪政民主时"不能轻易使用这一概念。见查普曼:《公意》(J. W. Chapman, "General Will", in D. L. Sills eds., *International Encyclopaedia of the Social Science*, Ⅵ, Macmillan/The Free Press, New York, 1968),第86页。在康德的思想中也能发现同样的困难。

法律的制定。这是当今世界法律的常见情形。极其巧合的特例就是这种情形(当然这也是标准和准绳):他们成功地使自己成为立法者本人。这如何可能?在自治政府的"自治主体"是由无数五花八门的独立自主的个人组成的条件下,自治政府如何成为现实?

在采用所谓的任命行政长官的民主程序后,这一问题仍未过时。这从哈贝马斯所称的"现实的根本问题"(materialistische Grundfrage)中可以看出:

> 一旦个人不能从宏大主体(如社会阶级理论中的阶级或者人民主权中的人民)中找到自组织中的"自我",一个缺乏首领与中心的分化社会系统如何组织起来?①

然而,在此意义上,解决我所关注的问题的出路仍在于民主的理念和实践。因此,我们简单地反思一下代议制政府在实践中是如何组织的。

三、代理的类型

马克斯·韦伯提出并分析了两种代理类型:② 一种是自由代表

---

① 哈贝马斯:《追赶型革命和左派修正的需要:今天,社会主义意味着什么?》(J. Habermas, "Die nachholende Revolution und linker Revisionsbedarf: Was heiβt Sozialismus heute?", in his *Die nachholende Revolution: Kleine Politische Schriften*, Ⅶ, Suhrkamp, Frankfort on Main, 1990),第 195—196 页。

② 韦伯:《经济与社会》第五版[M. Weber, *Wirtschaft und Gesellschaft. Grundriss der verstehenden Soziologie*, 5th edn., J. C. B. Mohr (Paul Siebeck), Tübingen, 1980/1922],第 172—176 页。韦伯提出了五种形式的代理,其中两种是相似的:"真正的议会代理和政治领域中的自愿的利益游戏,随之而来的公民投票政党系统及其后果,以及利益集团的理性代理的现代理念,这都是西方世界所特有的……"(第 176 页,着重后加)韦伯仅视后一种形式为"理性的"。

(*freie Repräsentation*);另一种是通过利益代理人的代表(*Repräsentation durch Interessenvertreter*)。自由代表通过现代国家的代议机制即议会得以实现:

> 脱离政党的积极介入来讨论议会的功能,这是不可能的。政党向政治上消极的市民推介候选人和政治纲领。如果政党占据绝大多数席位,它们就会通过议会中的协商和投票程序创制规制行政程序的规范,控制行政机关本身,支持或者废黜政府。①

自由代表就是民主模式。它将议会视为政治过程的核心。社会的主要政治力量通过议会得以组织起来,并通过妥协或投票的方式立法。不同选区多样的条件与生活方式通过政党被浓缩成各种审议议题和一些主要的政治纲领。② 这些相对少数的政党/政治纲领在选举中争夺选票,在议会中为立法和政策展开斗争或者相互妥协。如今,在普选制基

---

① 韦伯:《经济与社会》,第172页。尽管比瑟姆对韦伯提出了种种批评,但他提出的自由民主理论也和韦伯没差多少:"人民主权原则是通过持续的选举模式实现的,因为不仅立法机关,就连行政首长也是在普选基础上由直接或者间接投票选出的。对自治的市民社会中的信仰自由、表达自由、结社自由的保障,原则上能够确保选举结果可以反映'人民意志',并能确保公共意见可以持续地施加给政府。"[比瑟姆:《权力的合法化》(D. Beetham, *The Legitimation of Power* (Macmillan, Basingstoke/London, 1991),第163—164页。]比瑟姆通过这样的陈述,在自由民主制中增加了其他维度:"经济行为的基础是自由市场内的私人财产权、私人的投资决策、雇佣和消费。"我对比瑟姆的定义提出质疑。首先,选举所带来的可能不是人民主权,而是一种确认选民政治无能的仪式。其次,这种想法是荒谬的,即现代资本主义早已超越了"私人财产权"和"自由市场的私人决策"。(我将举出例子说明,如果超现代资本主义经济教条地固守过时的自由个人主义工具,将会发生什么后果。)

② 这种浓缩的前提就是各选民们可以根据自身背景区分为一些不同群体。这种背景就是马克思划分不同阶级的基础:"单纯劳动力的所有者、资本的所有者和土地的所有者,——他们各自的收入源泉是工资、利润和地租,——也就是说,雇佣工人、资本家和土地所有者,形成建立在资本主义生产方式基础上的现代社会的三大阶级。"[马克思:《资本论:政治经济学批判》(K. Marx, *Capital. A Critique of Political Economy*, Ⅲ, F. Engels ed., Lawrence & Wishart, London, 1977/1894),第885页。]

础上,这给予市民通过代理人参与(尽管是间接地)立法的机会。在广大的现代社会背景下,这种安排已经近似于自治和立法参与。①

可以想象,自由民主于某地某时期在一定程度上得以实现了。从"二战"结束的1944年至吉科宁(Dr. Kekkonen)总统任期结束的1981年,芬兰的自由民主曾充满活力。从那以后,发生了一次激进的重组——事实上的无声革命。就代理类型而言,从自由代表转变成了利益代理人。韦伯这样描述后者:

> 通过利益代理人的代表是指,此类代表机构的组成人员不是在未区分候选人职业隶属关系、地位或阶级基础上自由选出的,而是根据职业、社会地位或阶级地位选出的同类代理人,进而形成一种所谓的"职业阶层代表"……唯有全身心投入的人才能胜任特定利益集团的职业代言人;在无产阶级中这一任务落到了利益组织的专职秘书身上。②

韦伯认为"职业阶层代表的机会并非微不足道"③。比如,它们意味着会有以下合理的前景:

> 在这些现代条件下,这些彻底理性化的职业行政长官系统(如法国)为将各种旧形式推向新时代提供了机会,利益代理人或许起了补充作用。这些利益代理人通常是由顾问机构从经济和社会领

---

① 巴贝尔(Barber)提出了有关提高代议制政府民主程度的建议。见巴贝尔:《强民主:新时代的参与政治》(B. R. Barber, *Strong Democracy: Participatory Politics for a New Age*, University of California Press, Berkeley, 1984),第261—311页。
② 韦伯:《经济与社会》,第175页。
③ 同上,第176页。

域最有影响力的阶层中雇佣的。这种实践正变得日益频繁,且逐渐组织得更加正式。最近的发展或许将非常重要,也会进一步提高官僚机构的权力。尤其是,他们寻求将利益集团的具体经验通过训练职业官员的方式转化到理性行政管理之中。著名的例子就是,俾斯麦寻求通过发起"国家经济委员会"(National Economic Council)计划作为抵制议会的武器,指控持反对意见的多数派试图阻止行政官员"知悉太多"涉及议会权力的利益。他不会授予反对派启动英国那样的议会调查权。①

这显示,当自由代表和利益代理人陷入冲突时,危险的是议会的立法权。利益代理成为主导时,议会的形式地位仍保持完整,但在实质上立法已经不再是议会的主业,而主要成了政府——彻底理性化的职业官僚体制——的特权,并由那些被利益集团代表所侵入和占据的顾问或咨询机构加以补充。

韦伯对此欢欣鼓舞,认为这是全盘理性化的又一成就。② 这给了我比较韦伯和康德的机会。如果我们以开篇所引用的康德的理性概念为基础,我们是否能认为利益代理人有利于理性立法呢?我们可以将此归结为一个简单的问题:借助利益主张基础上的代表,我是法律制定的参与者吗?你是吗?

---

① 韦伯:《经济与社会》,第576页。
② 布里克(Bleaker)的观点看到了传统的共和党人模式,博丹(Jean Bodin)的"共和国的永久权力"(puissance absolue et perpétuelle d'une République)在现代社会是非常糟糕的。(国家)衰败的观点看到了自治国家向社会投降:"现代国家绝大部分将被社会力量的复合体所占据和工具化;国家将不再是超越各种独立利益群体提供维持秩序的核心服务的中立机构,而是各种社会力量的执行机构。"[德雷尔:《主权》(H. Dreier, "Souveränität", in Staatslexikon, Ⅳ, 7th edn., Herder, Freiburg, 1986),第1207页。]

据我所知,我并非任何利益组织的成员;但我可能会是。一些此类组织可能压根不会把我算作他们的委托人。通过此类组织——大体上也通过利益代表团的代表——我以我的利益和我所在团体的利益为导向。我没有被引导走向我以前在自由民主繁荣时期参与普选的那种立法模式,在那个时期,我使自己熟悉政党的纲领和哲学背景,衡量并讨论它们,选择某个政党及其候选人,投出自己的一票,跟随议会行动,等等。现在,每一个理性的人都认识到如今议会政治中的利益变得毫无意义:

——各政党的政治纲领在根本上不再有分别。

——各政党所主张和追求的政策差异更是微乎其微:所有政党实施——如果成功组阁将可能实施——的政策都是一样的,都是由政府、公务员及其背后的利益集团所设计或主导的。

——所有政党追求的唯一真实政策就是在普选中赢得足够选票以参与组阁;政策间的差异如此之细微。比如,芬兰最近的内阁就包括前保守派(民族联合党)、前左派社会主义和共产主义(如今它们自称"左派联盟")、环保主义(绿党)和社会民主党(它们已不再记得社会和民主的含义)的顺畅合作。

——所有政党都诉诸相同的大众,宣传它们自己和那些追求中产阶级所能想象的一切美好事物的好人一样。

——普选中唯一有社会意义的数字就是反映普通大众信任度或相信度[吉登斯(Giddens)称之为信任①]的总体投票率。普罗大众通过在政府、公务员和利益集团周围的经济系统或行政系统展现这种信任度。

宪法赋予我四年一次的议会选举投票权,保障我这一实际上毫无

---

① 吉登斯:《现代性的后果》(A. Giddens, *Consequences of Modernity*, Polity Press, Cambridge, 1992)。

意义的权利。按照本文使用的术语,结论就是,在任何现有方式下我都将无法为自己的目的和目标立法,不论是以自由代表模式还是利益代理人模式。① 在下列情景中:

——法律的制定没有我的参与;

——因此,作为理性人,我没有义务自愿地服从;

——此服从将变得毫无理性,换而言之,此立法是不合理的(合理的=理性的);

——因此,我毫无尊严(即使我还有一点价值,想必也是很低廉的价值)。

四、无意识的立法者(一):以减税立法为例

由于没有尊严,我就必须成为小丑和傻瓜。因此,让我展现一二,并举出两个利益代理人成为代议制政府主导模式情境下的立法质量(立法机关的表现)的例子。

我们可以预设,一个陷入琐事的立法机关难以理性地把握立法的核心问题是什么。让我尝试证实这一点。在芬兰,征税需要通过设定义务的立法来实施,即税收法定。芬兰议会就是立法机关。② 如今,为刺激经济,芬兰议会表示出降低所得税的意愿。议会特别想缓解那些中低收入人群的境况。这是 1996 年初的事。

立法程序紧锣密鼓地进行,结果是〔见 1996 年 2 月 19 日《晨报》

---

① 利益代理人是当今的主导形式。尽管利益代理人不是被派去立法的;他们是被派去为利益工作的,这是一项完全不同的工作。不论你将维护利益之网编织得多密,不论你将委托人与政府绑得多紧,你都无法以这种方式为立法提供一个通道。下文的例子会显示,在没有理解立法行为时制定法律,其后果将是什么。

② 当然,这在法理上(de jure)的根据就是宪法规则。

(Aamulehti)的报道]:尽管有宣称的目标和明确的承诺,中低收入群体的税收负担依旧如此,甚至更重。只有高收入阶层从改革中受益(尽管是微不足道的,报纸补充说明道,因为"名义上降低的所得税通过增加其他税收和关税被一分不少地又回收到了国库之中")。

与此相关的是,一些记者给出了意料之外的证据,并刊发了一系列的采访(1996年2月20日《晨报》)。他们联系了三位议会议员并提出以下问题:为何改革的结果与最初的设想背道而驰?显然,议员们对他们立法过程中的问题毫无意识。

希尔(Esko Helle)议员(左派联盟,参政党)提出,如今议会的决策肯定出问题了,以致补贴之后低收入群体的税负更加繁重了。然而,议会的决策也是他自己的决定;他为自己投了票。萨斯(Kimmo Sasi)议员(民族联合党,参政党)称自己感到震惊。报纸报道说:"议会的税收委员会主席和其他委员都有一个'想法',就是大多数人的税负将减少百分之一。"萨斯议员为他自己的决定感到吃惊(值得注意的是议会立法机关的最初"想法",芬兰语"näppituntuma")。议会党团中的绿党主席(也是执政党)尼古拉(Paavo Nikula)说:"税收改革丝毫没有达到人民的预期。"和他的同事一样,尽管他这么说立法(他们自己的立法活动),但好像法律不是由他们自己而是完全由其他人制定的一样。①

但是,议员们确实是对的。而出乎我的意料的是,我错了。实际上法律不是在议会内制定的,而是在其他地方由其他人制定的。法律是由政府及其公务员(在这个例子中是由国家财政部及其顾问机构)制定

---

① 尼古拉议员的话使立法机关显得非常滑稽。公民有权得到比他们实际得到的更好的东西,他这么说是在模仿格劳乔·马克斯(Groucho Marx)。格劳乔愤怒地拒绝成为一个接受他这种人的社会的一员。看起来不懂立法也不称职的尼古拉议员后来被选为国家最高法律权威,即芬兰总检察长(Attorney General of Finland)。萨斯议员成为部长。仅左派联盟的希尔没获得任何职位。

的。议会的简单任务就是如橡皮图章一样接受政府的提案。利益鼓吹者战胜了自由代表,二者的相互关系已经颠倒了:如今,议会对政府负责,政府对公务员负责,公务员对利益集团负责,利益集团对他们的委托人负责。① 我们看到的是:议会已被挫败,导致议会无法掌控局面;议会是迷茫的,对被命令立法的事项一无所知。②

这个例子展示了立法中心的偏移,从议会转向由职业官僚及其从经济和社会领域最有影响力的利益集团中招募的顾问机构所组成的完全理性化的系统。③

---

① 不足为奇的是,公民被认为要对议会负责:公民辱骂和嘲讽议会及议员;他们应该对镜自省。《赫尔辛基消息报》(*Helsingin Sanomat*)的主编埃尔基·彭纳宁(Erkki Pennanen)如是告诫道(1998年8月14日)。

② 议会在与政府的关系上是如此弱势和奴化,这在世界历史上也并非首次。看看登齐尔·霍利斯(Denzil Holles)对1647年英国议会的"厌恶的评价"(A. Fraster, *Cormwell: Our Chief of Men*, Arrow, London, 1997/1973, p.208)就知道了:"军队掌管一切,议会仅仅是个符号(Cypher),仅仅是附和战争委员会决定的事项。他们使自己成为完全的第三等级……"[Cypher在17世纪是指无名氏(nonentity)。]我指责立法机关弱势,不是说议会里都是不强势的人,也不是说更强势的人当选就会更好。政党和议员一直故意选择在这个舞台上当好人。他们从来不把自己当作立法者;没有一个政党提出哪怕一丁点立法项目。议员则不会不关心政党的纲领。目前的政治科学鼓励对原则持这种态度:"面对已经变化的形势和需求,政治家不能停滞不前并对政党纲领曾鼓吹的东西感到懊悔。他能理解,政策的改变是对环境变化做出的反应。"(E. Aarnio and K. Palonen, *Puolueiden periaateohjelmat 1995*, University of Jyväskylä, Department of Political Science, Publication No. 68, 1995, p.8.)另一方面,普通百姓不再关心政党政治。瑞典的一项关于普通民众对政党政治之了解的调查(*Helsingin Sanomat*, 20 August 1998)显示:一半的人口不知道哪个机构制定法律(但调查者知道吗?),一半的人口不知道议会中有几个政党联盟,等等。

③ 韦伯认为最重要的两种理性就是目的理性(goal-rationality)和价值理性(value-rationality)。在彻底理性化的职业部长和省长系统中强调的就是目的理性,韦伯认为这是最好的理性。基于目的理性的行为是要系统地区分个人的目标、目标、手段和副作用都需要被纳入理性的权能。(G. D. Mitchell, *A New Dictionary of the Social Science*, Aldine, New York, 1979, p.2.)而"价值理性(*Wertrationalität*)……涉及的是对实现目标的手段的权衡,目标本身不容置疑"(S. Mennell, "Action Theory", in M. Mann ed., *The International Encyclopedia of Sociology*, Continuum, New York, 1984, p.5)。目的理性是一种允许对事物标价的理性;"与此相反的就是,超出所有价值而且不可替代的,那就是尊严",在这里可以发现价值理性。当利益代理人取代了自由代表时,价值理性也就被目的理性取代了。我们得到的是价值,失去的是尊严。

五、无意识的立法者(二):以放松金融管制为例

尼伯格(Nyberg)和维赫拉(Vihriälä)列举出了20世纪80年代和20世纪90年代初芬兰在放松国内外金融市场方面采取的立法和行政措施:①

年份	措施
1980	银行可以自由抵消商业远期头寸
1983	放松贷款利率管制:转移公式
1984	外国银行平等准入同业拆借市场
1985	允许经审核的银行开展特定的现金业务
1986	同业存款利率与信贷利率分离 废除贷款利率管制 不限制为制造业和运输业公司提供长期外币贷款 允许某些贷款浮动利率
1987	豁免大额定期存单的法定存款准备金 引入公开市场操作 引入赫尔辛基同业拆借利率 不限制为其他公司提供长期贷款 废止信贷指南
1988	对所有贷款实行浮动利率 不限制非金融公司的国外直接投资
1989	放松除消费型和短期资本流动外的外资管制
1990	允许将基准利率作为参考利率 不限制家庭对外投资
1991	不限制短期资本流动 不限制家庭对外借款

---

① 尼伯格、维哈拉:《芬兰的银行危机及其处理》(P. Nyberg and V. Vihriälä, *The Finnish Banking Crisis and Its Handling*, Bank of Finland, Discussion Paper No. 8, 1993),第11页。

这一清单显示,芬兰金融市场真的自由化得如此彻底,以至于其他市场的主体在进入这一市场时没有任何重要的法律限制。这一市场彻底放松了管制,实质性的非金融限制被取消了。这一清单显示,自由化进程是一个在约十年的时间里系统地、持续地、蓄意地实施的连贯的政治工程。芬兰的银行业研究人员指出,立法(曾召集多次议会会议以获得认可①)为"这一自由化进程"创造了法律前提。这一自由化进程很快导致了"随之而来的信用膨胀"——这也迅速演变成为"史无前例的不景气"。② 不景气是官方对萧条的表述,实际结果是一场险些导致全国金融系统崩溃的经济灾难,整个银行系统处于崩盘的边缘。国家带着人民的钱袋子介入,以挽救这分崩离析的系统。1991 年,这一灾难变得可见且迫在眉睫;1993 年末,国家干预耗费了约 830 亿芬兰马克(几乎是名义 GDP 的 18%)。③ 通过为没收和再分配社会财富提供事实上担保的方式,立法给绝大多数人口制造了一场灾难,同时也给极少数人

---

①　此期间,选出了四届议会并联合组成了四个内阁,分别是在 1979 年、1983 年、1987 年和 1991 年。当然,前三届政府制造的混乱留待最后一届议会和内阁解决。

②　尼伯格、维哈拉:《芬兰的银行危机及其处理》,第 3 页;着重号为后加。

③　尼伯格、维哈拉:《芬兰的银行危机及其处理》,第 41—42 页;着重号为后加。芬兰央行(故事的主角之一)倾向于低估这场灾难的损失。典型表现就是它只看到了众多银行的巨大损失,这些损失最终也是由人民的现金和财富来弥补的。研究者很少提到另外一面,即一些巨头获得了相同数额的暴利。此外,研究者都将此灾难视为偶然的、非故意的事件,认为背后没有预谋和蓄意行为。比如,吉登斯(《现代性的后果》,第 131 页)这么认为:"我们面对的全球风险后果是造成现代社会有失控、强大破坏特性的重要因素,没有任何人或者任何团体能对此负责,也无法'纠正'。"吉登斯即便在芬兰的政治圈中亦享有盛誉;他无条件赦免了议会(正是议会制定了导致芬兰致命经济和社会灾难的法律)。同样值得注意的是芬兰央行对自由化和监管所要实现目标的混乱和矛盾。尼伯格和维哈拉分析了自由化造成破坏性后果的原因(尼伯格、维哈拉:《芬兰的银行危机及其处理》,第 11 页):"货币市场和外汇市场的自由化没有配套改革,以严格限制自由化带来的重大影响。鼓励借贷的激励仍未改变,一般经济政策没有充分限制国内需求或者价格和收入预期,银行监管也没变严。"当然,经济政策方面的削减、抑制、限制和监管措施也是自由主义者首先想要去除的。如果一方面给机会,另一方面又收回机会,那就没有自由可言了。先是取消监管,然后又设立新的监管措施,这样是无法放松管制的。

带来了辉煌成就。

显然，自由主义者的立法、信用膨胀和崩溃这一系列事件的后果并不是命中注定的，而是由代理人的行为操控的。前述清单所列的规则被实施；它们是实证法；这些法律并没有被交给我们，因为律法版被交给了摩西(Moses)："耶和华在西奈山和摩西说完了话，就把两块法版交给他，是神用指头写的石版。"①然而，事实当然不会这么简单。所有人民都没有参与金融法的制定；对有些人而言，这些法律的出台就像是给以色列人制定法律一样。谁参与了呢？又是谁承受了这一切呢？

难以否认的是，芬兰金融市场的自由化是一系列连贯的政策，从20世纪80年代初一直持续到80年代末的大崩盘（甚至在危机后仍不偏不倚地执行）。我曾说过，这一时期经历了三次或四次选举。比瑟姆(Beetham)曾说，自由民主需要"在形式上保障信仰自由、言论自由和结社自由，并在自治的市民社会得到实践，原则上要确保选举结果反映'民意'，且公众意见能够以'持续的方式'施加给政府"（"原则上"一词位置恰当；借此比瑟姆有效缓和了其整体思想）。

以金融市场自由化为中心的经济政策是造就这一时期甚至这一年代、这一时代的问题所在。然而，尽管要"在形式上保障信仰自由、言论自由和结社自由"，但这一时代问题却从未公开讨论过，在任何一次普选中都没有成为政治核心话题甚至边缘话题。尽管自由获得了保障，但信仰自由、言论自由和结社自由并没有在公民社会的自主范围内进

---

① 《出埃及记》(Exodus)32:18。（原文写作"32:18"，疑似有误。根据目前大部分版本的《圣经》，这句话出自《出埃及记》31:18。本书对这句话的中译参考了《圣经》新标准修订版简化字和合本。——译者注）芬兰的经济措施是在帕沃·利波宁(Paavo Lipponen，绰号为"摩西"）总理1995年上台之前的几年里实施的。

行,结果是金融自由化成了一个突出的政治问题。为什么？为什么关系大众的政策(及其讨论)却在普选中缺位？

韦伯和比瑟姆所构想的自由代表的基础是假设市民社会的结构化会导致相互竞争的政治主张,围绕议会政策展开斗争,通过妥协或投票进行立法;同时假设这是公共利益——共同意志——在实践中得以实现的唯一方式。或许这里已经不再有此类重大的政治结构？梅罗维茨(Meyrowitz)指出,纸质媒体主导的现代社会导致了"对阶层、层级和级别的重视。世界看起来自然而然是分层的、划片的"。在后现代社会,起着同等作用的则是电子媒体,不过二者的不同之处在于：在纸质媒体倾向于根据教育、年龄、阶级和性别将读者区分为不同群体的时候,大量的电子信息和经验却在不同的人群中共享。①

我相信梅罗维茨的观察(人群间差异的消失是纸质媒体向电子媒体变化的结果,这过于简单化和夸张)②：不再有结构。然而,政治体制却建立在结构化假设及相应的政治组织基础之上。比如,难怪芬兰议会已经失去理智、陷入混乱、彻底迷失,对自身行为失去控制(上述两个案例都证明了这点,议会试图减税,实际上却增加了税负,试图放松金融市场管制,却几乎摧毁了国家经济)。

---

① 梅罗维茨:《转变陌生人世界:媒介理论及"他们"与"我们"之间的变化》(J. Meyrowitz, "Shifting World of Strangers: Medium Theory and Changes in 'Them' versus 'Us'", *Sociological Inquiry*, 1997),第65页。

② 梅罗维兹粗略提出的理论被克劳克等人的《后现代化:先进社会的变化》(S. Crook, J. Pakulski and M. Waters, *Postmodernization: Change in Advanced Society*, Sage, London, Newbury Park and New Delhi, 1992)进一步发展了。在他们的论述中(第111页),社会阶级被弱化了:"阶级划分被更为动态的文化模式的社会分化逐步替代。在这种社会分化中,社会成员不再根据基本的物质或者社会群体来划分,而是根据由大众媒体激发形成的标志性社团划分。"这只存在于大众媒体中而非议会中。

六、这是一个宪政问题

对卢梭的公意(general will)思想以及康德的理性意志或者理性服从的阐释倾向于某种民选机制,诸如韦伯的自由代表或者比瑟姆的自由民主。然而,卢梭认为接近公意的选举程序是有严格条件的:"众意(will of all)和公意之间经常总有很大的差别。后者仅关乎公共利益,前者关乎私人利益,众意本质上仅仅是私人意志之和。"①

选举无疑形成私人意志之和;私人意志要接近公意的复合条件是:"如果当公民能够充分了解情况并进行讨论时,公民彼此之间就不会有任何勾结;这样的话,从大量的小分歧中总可以产生公意,而且讨论的结果总会是好的。"②也就是说,如果人民有足够的信息,且他们彼此不勾结(即区分为不同党派并结盟?),那么他们的协商(投票?)将会产生一种使彼此间众多差异相互抵消、使公意留下来的总体观点。但是,卢梭继续解释说:

> 当形成了以牺牲全体利益为代价的党派及其联盟的时候,每一个党派的意志对其成员而言是公意,而对国家而言就是私人意志:此时可以说,投票者数量已不再与人数相等,而只与党派数量相等了。这样,虽然分歧数量减少了,但结果却更缺乏公意。③

---

① 卢梭:《社会契约论》(J.-J. Rousseau, *The Social Contract or Principle of Political Right*, C. Frankel ed., Hafner, New York, 1947/1762),第26页。
② 同上。
③ 同上。

结论就是,为充分实现公意,最重要的是国家之内不能有派系存在,并且每个公民只能表达自己的观点。① 如今,如果后现代主义者的观点是对的,即我们是均质化的,就总体而言,分化不断减少,就个体而言,选择、多样性以及特质却不断增加,②那么我们就无法满足通过选举形成真实公意的条件吗？通过没有党派及党派联盟的普选,议会也不能真正形成公意吗？因此,康德的理性意志或者合理服从问题将无法解决吗？

能解决,也不能解决。说能解决,是因为还有解决的机会；说不能解决,是因为我们首先得抓住机会,但实际上我们尚未抓住机会。让我们进一步考察此问题。

如果议会不再有党派划分,内部不再有派系纷争、分歧和争议,在处理与政府的关系时议会如何与之抗衡？议会提出具有针对性措施的法律案,如第四部分开头列出的那些法律案以及为减税而制定的那部法律案。对议会来说,这些法律案源于他方——政府、公务员或者利益集团。我们能从中发现什么？按照卢梭的说法,我们再一次遭遇了众意,再一次形成的是私人利益的总和、集合、妥协。这意味着立法不再是由人民选举形成的议会产生的。议会不再知道要做什么。议会对于那些早已过时的政治纲领而言已不再有用。然而,根据宪法,议会再次被预设为党派及其纲领存在的理由。芬兰宪法的第二段(由此直接或间接产生的所有条款)这么写道:

---

① 卢梭:《社会契约论》,第 27 页。
② 梅罗维茨:《转变陌生人世界:媒介理论及"他们"与"我们"之间的变化》,第 66 页。

芬兰的国家权力属于各届议会所代表的人民。①

虽然不经过讨论，议会不知道法律对议会自身所代表的人民意味着什么，但是如果不对议会内部做出划分或者找到外部对话者，议会就将无法讨论任何事务。如今看来，在扮演人民代表的角色上，议会不再能够自我分化。作为一个未分化的单一实体，议会能够和外部伙伴商议和讨论事务。但是从宪政视角看，这是不允许的。人民是主权者；在政治实践中议会就是主权者；且在主权事务上议会是不允许与外部伙伴讨论的。但事实却是，法律是在议会外部制定的，②即一个由政府、公务员以及作为补充的有组织的特定利益集团组成的复合体制定了法律。由于议会无法对如何代表人民开展内部讨论，作为主权者，它也不

---

① 自1919年起，本款就将最高政治权力不可分割地定位于人民；人民拥有决定性的国家权威，这只能通过修宪改变。这种严格的条款在现代社会快速变化的情形下很难实践。正因如此，一些新版宪法（如瑞典王国和德意志联邦共和国宪法）针对这一基本规则发明了一个更灵活的版本。瑞典王国在1974年是这么规定的："瑞典的一切公共权力来自人民。"(All offentlig makt i Sverige utgår från folket.) 德国从1949年开始，用了基本一致的用词："所有国家权力来自人民。"(Alle Staatsgewalt geht vom Volke aus.) 瑞典和德国的规则比芬兰的规则更适应后现代条件，理由如下：从德国和瑞典的规定中所用的动词可以看出，国家权力来自 (moves away from) 人民，然后离开 (leaves) 人民，并找到新的其他所在。动词"utgår från"和"von etwas ausgehen"在文义上就是来自 (go out from) 的意思。这也是动词"来自"(emante) 的含义：从一来源发出或者产生。然而，这个英语动词并不能表达"utgår från"和"von etwas ausgehen"的所有含义，特别是人民终究并非源泉（如同水井源源不断地渗出水并永不枯竭一样），而是可以被彻底搬空的仓库，并且确切而言，意味着曾经存放在那所房子里的东西被搬出来、搬走、搬离而再不搬回。其中有非常神奇的事情。德语中用"abgeben"（字面意思是丢弃）来表达人投票的动作，科克 (Koch) 也用"entäußern"这个动词意指放弃 (cede)，即丢弃的另一种表达，与外化 (externalise)、露面 (turn out) 同义。(See U. Koch, *Das Gewicht der Stimme: Die Verteidigung des Nichtwählers*, Rotbuch, Nördlingen and Leck, 1994, p. 8.) 英国人也一样；他们把投出票，让票离开他们。然后，奇迹发生了："所投出的票几年后可能又会回来，像不灭的种子一样。"（同上，第9页）

② 但不是以立法的形式，不是按照康德的理性意志概念——此时人的行为即被视为是按照普遍行为规则活动的 (C. Frankel, "Introduction", in Rousseau, *The Social Contract*, XXVIII) 行事，而是利益的聚合和聚集，即私益之和——这表达的不是公意，而是众意。

能认识任何外部伙伴。议会彻底陷入混乱,不得不照搬政府法案(好像这就是它自己的想法和解决方案一样)以假装或伪装成人民的代表。在这一僵局中,立法机关如同前述例子那样显得如此荒诞。

那么,能够做什么来使议会回归正轨,以使其至少知道所商议的话题是什么呢?我没有看到有人能从重大政治方式上再次将市民社会加以划分。政党系统的改革将是可笑的。市民社会未曾遇到过后现代社会的矛盾。然而,矛盾(这也意味着甚至在社会结构上具有代表性的矛盾)却从人们的社会生活中消失了。矛盾的位置改变了。

上述关于从自由代表到利益代理人变化的讨论意味着:我们需要在议会和政府之间,而不是在市民社会的不同阶级中定位矛盾。矛盾的一方是议会、人民(即芬兰、瑞典和德国宪法所指的人民)和公共利益;另一方是政府、公务员和有组织的私人或特殊利益集团。可以通过回溯各自基本人群的方式来确定双方各有哪些人;因此,如果我们能够让双方互动或彼此相遇,这也就是潜在人口自身的相互作用。

如同人群自身会相互作用一样,我在本文中一直寻找的先决条件可能就是自治。在这种自治政府中,不同人口汇集并组成的特定利益(以协作选择原则和政府为最终代表),将与自身的公共利益(以普选原则和议会为代表)相互抗争。这需要重修宪法,特别是其中最重要的部分。一个社会学家可能提出如下建议:国家权力(在芬兰、瑞典、德国等)属于各届议会所代表的人民和执政的政府。议会代表社会的公共利益,政府代表特定利益。

接下来所要讨论的内容已超出此文本的主题了。

立法膨胀与法律的质量

恩格尔(Svein Eng)

一、引 言

在第四届"比荷卢-斯堪的纳维亚法律理论研讨会"的邀请函上,我被邀请探讨立法膨胀与法律的质量。邀请函上是这么描述这一主题的:

> 在(后)现代社会,立法数量已经达到饱受批评的极值。立法膨胀的原因在数量上和质量上都是多方面的。为找到规范人类合作的替代方式,需要对这些原因进行分析。进而避免采取简单替换大量立法规范的方式,最终却发现将被相同或极其相似的问题所影响。需要回答的问题是,立法过剩是否由立法质量不断下降所致。只要差的立法的缺陷能够通过引入新的立法干预加以弥补,就会导致法律体系的加速增长。

此外,上述引文涉及以下问题:
——什么是立法膨胀的主要原因?
——差的立法在多大程度上是立法数量增加的重要原因?

——"差的立法"这个短语所指的立法缺陷在多大程度上也影响到了监管行为的替代技术？

这些问题如此宏大，以至于本文一时难以给出一个根本性的解答。我将通过列出问题清单而非提出解决方案的方式来阐释这些问题。大致而言，本文包括两个部分。第一部分阐明"立法膨胀与立法质量"这一标题下的相关问题和现状。这种分析部分是理论性的，部分是经验性的，通过某种提醒、实例的方式加以说明。第二部分将为进一步的系统研究指出方向。

我在广义上使用"立法"一词。严格而言，它是指民主选举的国民议会制定法律。但我还用它来指其他的规范制定，当然最主要的是国家议会立法和欧洲共同体（European Community）立法。此外，在特定背景下，这一术语也指宪法或国际法层面的一般规则制定。特别需要注意的是，比如，在"宪政主义"（constitutionalism）与人权思想的融合下，是否要将《欧洲人权公约》（European Convention of Human Right）纳入国家法律体系的讨论受到持续不断的关注。

二、立法数量多本质上是坏事吗？

（一）立法产品数量

研讨会的邀请函对立法数量的现状提出了批判性评估。它指出，"在（后）现代社会，立法数量已经达到饱受批评的极值"，并且提到"立法过剩"。我认为，要先问问这种评估是否带有主观上的价值预判。因此，讨论问题的正确起点是，这一评估本身也值得探讨。

我将举例说明。我们不妨假设，一个管理公司垃圾的主管面临两部可供选择的法律。两部法律都旨在保护环境免受污染,并且都设定了刑事责任和侵权责任的制裁。然而,两部法律在内容上有如下区别。第一部法律有十页之长,其中九页是关于垃圾的法律定义,它以一种客观的方式列出了垃圾的详细信息,比如列出了具体的垃圾种类。这部法律的例子就是欧洲共同体法律中有关"垃圾"的核心法律概念。这一定义的主要部分由一个被称为"欧洲垃圾分类"的垃圾清单组成。① 第二部法律只有一页。它由模糊的和带价值判断的术语构成,在理解垃圾的概念时允许人们有很大的自由裁量权。以"垃圾"的法律定义为例,"垃圾"被定义为"任何对人类、动物或其环境有重大损害的物质或物体"。

对于一个管理垃圾的人而言,他更愿意选择哪部法律呢?需要考虑的一个相关因素是可预见性价值。第一部长的法律是好的。另一个需要考虑的负面评价就是,需要耗费太多时间来读长的法律。就这方面而言,第二部短的法律则更好。然而,在有某种现成体系的情况下,当一个人对所使用的词汇或术语并不熟悉时,他可能没有足够精力去找到一个具体问题——比如,从哪里能找到垃圾的概念是否包括硒鼓——的答案。在这种情况下,他可能更倾向于第一部长的法律。

这个例子说明了两点:第一,在立法数量多与法律规制对象的负面评价之间,没有简单的联系;第二,对法律好与差的判断,与抽象的立法数量并无(或不仅仅有)关系,也就是说要通过现行法律本身来判断其好坏。需要将数量与法律体系规制的特定主体相联系,并就相关法律

---

① 1993年12月20日欧盟委员会第94/3号决议(Commission Decision 94/3 of 20 December 1993),根据1975年7月15日欧洲理事会关于垃圾的第75/441号指令[Council Directive on Waste of 15 July 1975(75/441)],由1991年3月18日欧洲理事会第91/156决议(Council Directive 91/156 of 18 March 1991)修改而来。

的数量与种类做出综合判断。

(二) 立法过程数量

可以想象,和我们一样,立法者的时间和拥有的资源也是有限的,这也可能会限制立法质量;而且一旦超出其时间和资源的限度,则可能导致差的立法结果。然而,在立法者功能细分的社会,也就是我们这些研讨会参与者所处的社会,这种限制的重要性在一定程度上减弱了。正式的立法者(也就是民主选举所产生的国民议会)仅仅是法律制定链条上的一个环节。重要的政治推动力源于政府,法律起草工作也是由行政机关完成的。

原则上,在立法过程中,能够参与其中的公务员、部门或部门间委员会之类的数量是没有限制的。然而,部门机构的大小受到政治的、经济的和其他方面的具体限制。国民议会本身需要面对的是时间限制:只有一个国民议会,依照特定的议会程序规则运作,国民议会能够通过多少部法律明显受到限制。

要找到部门和议会的限制是什么,需要研究特定的法律体制。① 因此,据此看来,在立法数量本身与立法结果被认为好或差之间并不存在简单的联系。

这种分析表明,好或差的判断标准与抽象的立法数量(即立法数量本身)并无关系(或不仅仅有关系)。需要将数量与立法过程的每个独立环节相联系,并对立法数量和类型与其之间的关系做出综合判断。

---

① 关于这点的代表性例子,可以见桑德尔在其《立法过程》(M. Zander, *The Law-Making Process*, 4th edn., Weidenfeld and Nicolson, London, 1994)的第1—104页,特别是第22—24页中对于英国法律体系的描述。

三、立法及立法膨胀的原因

立法的主要原因同时也就是立法膨胀的潜在原因。如果面对过多数量的立法,即认为在某个方面已经超出正常比例的数量,人们通常可能认为这是由于立法"放纵"的某些主要原因才出现了这种过剩。我将简要地指出立法的一些主要原因——(如前所述)这也是立法膨胀的原因。

第一,立法发挥着表达不同时代或不同人群的价值观念的作用。第二,立法被作为按政治理念塑造社会的手段。第三,立法被作为解决由社会、政治和技术变化所造成的问题的手段。第四,立法是立法机关的法定职责。在欧洲,典型的例子就是立法成为建设欧洲共同体的法律手段。[①]

四、差的立法是立法数量多的重要原因吗?

我加了限制条件"重要"。因为我假定,研究这一问题的大多数人都认同这一点,即差的立法在某些情形下是新立法的原因。需要讨论的问题是,差的立法是否(如果是,如何以及在多大程度上)是立法数量增加的相对稳定而有力的原因。

如前所述,在讨论立法数量过多本身是否是坏事时,没有必要分析

---

① 受欧洲共同体法律的影响(在心理层面)最大的可能就是像英国那样的法律体系。在英国,法院没有根据宪法宣布立法无效的权力。因此,根据欧洲共同体法律宣布立法无效就成为该法律体系的新因素;法院第一次被授予根据高于制定法层次的法律宣布制定法无效的权力。然而,除了心理层面,对新立法的实际影响广泛存在于各成员国之中(我的国家挪威的立法也受到了《欧洲经济区协定》的影响)。

"差"的标准。为佐证否定答案,指出一些简单的反例和"相反事实"就足够了。现在,在回答差的立法是否是立法数量增加的重要原因时,就有必要回答在此语境中我们使用"差"一词是想合理地表达什么含义。我把缺陷区分为三类,分别是实质缺陷、技术缺陷和手段—目的缺陷。我用"实质缺陷"指"本质缺陷"(material flaw)、"实体缺陷"(flaw in substance)、"与内容相关的错误"(flaw relating to content),诸如此类。考虑到仅仅为引发讨论,就没有必要进一步界定实质缺陷、技术缺陷和手段—目的缺陷三者间的差别了。下文列出具体类型及其具体解释就足够了。

(一) 实质缺陷

1. 实质缺陷简述

(1)道德标准。立法是某些特定价值的表达。基于道德价值对立法做出判断,认为立法是不正义的、不公平的,等等。

(2)政治标准。立法是根据特定政治理念塑造社会的手段。应根据某种特定的政治意识形态评价立法。

(3)法律标准。立法者有立法的法律职责。如前所述,当今的典型例子就是,立法是执行欧洲共同体法律的要求。

(4)实践中的不协调。标准(1)—(3)可以用于评判特定法律或者法律体系中的大部分立法。当视野放大到包括一部以上法律时,就会立即面临实践中的不协调问题。"实践中的不协调"是指此种情形,即一部法律所引导的行为却是另一部法律要遏止的。比如,对酒精饮料征税以降低其消费量。但生产酒精的成本与酒精市场价格之间的价格差却因此而变大,而这正是非法生产和走私酒精的强烈动机。那就是说,在税法和刑法之间存在实践中的不协调。

2. 实质缺陷是立法数量多的重要原因之一吗？

（1）答案明显是肯定的。立法内容有道德或者政治缺陷，往往是推动新立法的强大动力。值得特别关注的是一种道德与政治相结合的特殊问题：一方面是成文法背后的政治动机发生改变，另一方面是同案同判的道德原则。立法者经常会有的一种体验就是，将同案同判的原则纳入考量时，立法背后的政治动机（尽管这种动机看起来是好的）变化可能会导致非常广泛和复杂的规制；且对大多数人来说，像对法官一样，这一原则对立法者也有约束力。

举例来说，税法中的一个基本规则就是，雇主支付给雇员的日常薪水或报酬要纳税。在结合同案同判的原则时，这个看似简单的规则却导致了持续增加的庞大而复杂的税法。这部庞杂的法律关注的首先是，在雇员从雇主得到的各种各样的优惠待遇中，哪些与薪水或报酬一样，因而需要征税；其次是，如何评估各种优惠待遇的计税价值。这些优惠待遇包括有关汽车、自行车、电话、报纸、工装、个人电脑、幼儿园、休假的补贴或免费使用，员工在生日、结婚日等特殊日子收到的礼物，等等。

（2）在立法时，我认为在任何情况下有关政治和道德的考量都不得改变，尤其是不得缩减（如前有关税法的例子）。

（3）另外一个问题就是，对于那些所谓的（purportedly）规范人们行为的替代技术而言，道德的或者政治的考量是否有不同的推动力呢？①

（ⅰ）此类替代技术的主要例子有：

——协商、和解、协议等等，不论是公法人和私法人之间的，还是不

---

① 我用"所谓的"来限定，原因在于"替代"通常是有实体（substantive）含义的，而对于非立法性管制技术实际上是否是实体上的替代这点，经常是有疑问的：它能否完全替代立法？如果可以，在多大程度上能够减少立法数量（比如，见下文有关私有化、去监管和地方政府自治的讨论）？

同私法人之间的;不论是小规模的,还是涉及重大项目(比如,在石油公司和国家之间的油田开采合同)或者涉及整个经济领域(比如,在挪威,有关整个运输或保险领域的协议文件)的。

——财政工具,如补贴或者税收、收费之类,用于将某种行为的外部成本计入该行为产品的市场价格中。

——欧洲战后公共服务的私有化,如医疗、邮政服务、电信、电力、供水等等;以及放松对受到严格管制的服务的管制,不论是公共领域还是私人领域的,如金融服务。传统上被视为公共服务或受严格管制的服务通常都要经过授权或者有法定垄断性质,立法过程中关于这些服务的政治讨论都是核心。从这个角度看,私有化和放松管制都被认为是对立法的一种替代。然而,实际上,私有化和放松管制通常需要大量新的立法来建立新的市场,以确保其发挥正常作用。①

——地方政府自治也应被提及。然而,通常与中央政府通过的指导地方政府的立法减少相伴随的就是,地方政府立法相应增加,甚至更多。

实践中,很多此类替代技术都是相互结合,且都是与立法相结合。比如,我们发现在挪威的实践中,上述替代技术的结合就包括与国有公司单独立法、税收立法,以及合同法上各类强制性和任意性规范等五花八门的管制技术。实践中的很多这种结合都显示出既有立法性质又有

---

① 我提出,以下关于英国19世纪的经验具有普遍有效性:"通过自由市场的道路打开了并持续开放,通过一种持续增加的、集中组织的和控制的干预主义……自由市场的引入,远非摒弃控制、管制和干预,而是大大扩展了其范围。管理者必须持续地盯着以确保经济系统自由运行。即便是那些强烈呼吁将国家从不必要的职责中释放出来的人,以及那些推崇严格限制国家行为的人,也都只能赋予这个国家确立自由放任政策(laissez-faire)所必需的新权力、机构和工具。"波兰尼:《大转型:我们时代的政治与经济起源》(K. Polanyi, *The Great Transformation: The Political and Economic Origins of Our Time*, Beacon Press, Boston, 1957/1944),第140—141页。

替代技术性质。

最后,需要注意的是,一旦视野放宽到包括立法的执行层面,将遇到委派私人机构执行的实践问题。①

(ⅱ)道德和政治方面的动因对立法和对上述第(ⅰ)部分提及的规范人类行为的替代技术而言有不同吗?

从逻辑上说,这些规范人类行为的替代技术都极易受道德和政治判断影响。从规范上说,我没有看出,为何替代技术就可以不需要像立法那样不断接受道德和政治评价。但从事实上说,却可能存在差别。也就是说,在谈论到道德和政治动因时,在立法和替代技术之间可能存在差异:媒体和市民观念都根深蒂固地认为,立法应当接受更苛刻的评估,且应当运用更规范的语言和辩论模式。

对于规范人类行为的替代技术而言则没有这种成见,也没有规范的语言和辩论模式。不妨举公共服务私有化行动为例。在评价此类行动方面,目前仍没有规范的语言和辩论模式。在当地邮局关闭时,关闭决定被认为是市场竞争的结果,对此该如何辩论呢?换句话说,当一种行为被界定为市场行为时,如今还能如何反对该行为呢?

看起来,最先失去推动作用的就是政治因素。如今,很多人再次主张市场是一个非政治的领域,即市场是政治领地之外的领域。政治的任务就是最大限度地建立市场并确保市场功能的正常发挥。② 实例包

---

① 恩格:《通过私法人行使公共权力——支持和反对的思考》(S. Eng, "Plassering av offentlig kompetanse hos private—noen hensyn for og imot", *Lov og Rett*, Vol. 31, 1992),第544页及以下诸页。

② 关于政治与市场关系论点的最新论证,见哈耶克《自由秩序原理》(F. A. Hayek, *The Constitution of Liberty*, University of Chicago Press, 1960)各处,以及哈耶克《法律、立法与自由》(*Law, Legislation and Liberty*, Routledge & Kegan Paul, London, 1982)三卷论文集(分别出版于1973年、1973年和1979年)各处。这种观点的历史基础,以及对政府和社会的截然区分,需要回溯到自由主义经济学的源头。学术文章见斯密(A. Smith):《国富(转下页)

括:新右派(the New Right)的兴起,政治上的标志就是撒切尔(Thatcher)夫人和里根(Reagan)的上台,学术上的标志就是马克思主义从主流社会学中突然消失——从马克思主义者的视角看如此,或者简单的标准就是对马克思著作的引用情况;从西欧社会民主党派到新右派的兴起(它们实现了自我"现代化",也就是说,它们接受了新右派的术语,并且采纳了很多新右派的政策);欧共体建立单一市场(这一行动具有法律约束力,使与之相抵触的国内法——包括宪法和制定法——失效);以及俄罗斯和东欧引入市场政策。

(在政治因素之后,)接下来看起来失去推动作用的是道德因素。如今,很多人再次讨论,好像市场是一个道德领域。这种讨论通常包括两个阶段:首先,他们承认,市场安排的很多结果都是不道德的。其次,他们主张,这仅仅是外在表象;而"实际上",更为常用的就是"从长远来

(接上页)论》(*Wealth of Nations*, P. F. Collier & Son, Harvard Classics, New York, 1937/1776),第 446 页(第四篇第九章倒数第二段):"按照自然自由的制度,君主只有三个应尽的义务——这三个义务虽很重要,但都是一般人所能理解的。第一,保护社会,使其不受其他独立社会的侵犯。第二,尽可能保护社会上各个人,使其不受社会上任何其他人的侵害或压迫,这就是说,有义务设立精密的司法机关。第三,建立并维持某些公共事业及某些公共设施(其建立与维持绝不是为了任何个人或任何少数人的利益),这种事业与设施在由大社会经营时,其利润常能补偿所费而有余,但若由个人或少数人经营,就绝不能补偿所费。"与政府和社会的区分相伴的就是二者各自既有积极也有消极的一面。见潘恩:《常识》(T. Paine, *Common Sense*, Penguin Books, Harmondsworth, 1976/1776),第 65 页:"社会是因我们的需要(wants)而产生的,政府是因我们的邪恶(wickedness)而产生的。前者通过凝聚我们的情感而积极提升我们的幸福,后者消极地限制我们的邪恶(vices)。一个鼓励互动,一个设定界限。第一个是保护者,第二个是惩罚者。在任何国家,社会都是庇佑者,但即便政府在最佳状态也只是必要的恶。"在传统"哲学家"中,黑格尔是第一个从理论上与斯密和潘恩一样对君主/政府(sovereign/government)和社会(society)做出明确区分的人。见黑格尔(Hegel):《法哲学原理》,第三编第二章"市民社会"(die bürgerliche Gesellschaft),特别是第 189—208 节"需要的体系"(das System der Bedürfnisse)。然而,黑格尔有关国家和社会关系的概念及观点,与自由主义经济学的观点是完全不同的。

看",市场也导致了道德上的好结果。①

在今天看来,替代技术的最强大动因是手段—目的因素。在考虑到目的因素时,价值前提通常都难以成为主题。在阐述时,它们看起来更接近加拿大哲学家麦克弗森(Macpherson)所称的"占有性个人主义"(possessive individualism)的 17 世纪基础。②

我们可以对此发展表示称赞,将其视为替代技术的优势,并证实此种观点——作为规制人类行为的技术,立法是有缺陷的。进一步的观点就是,立法愚弄了我们。立法成为规制所有问题的中心,而这些问题本来应当留给更小的单位来决定;这些单位包括消费者、家庭、公司或者其他私人机构。我们也可以对此表示惋惜,将其视为替代技术的一种缺陷。接下来的观点就是,替代技术愚弄了我们,将重要问题带离了道德和政治商谈的领域。该采取哪种姿态,是一个选择道德和政治哲

---

① 哈耶克:《法律、立法与自由》(*Law, Legislation and Liberty*)第二卷,第 72、116、144—147 页;关于"从长远来看",见该书第 114—115、122 页。关于道德和市场关系的这种观点的历史根源,与市场完全独立于政治领域这一观点是一样的,参见前注。对市场基本观点的认识论和本体论地位的考察超出了本文的范围,这种观点是欧洲目前政治和学术讨论的中心。只需指出不利立场之间的论证相似性即可,见该书第 113 页:"(市场秩序是)唯一普适于全人类的秩序……因此,经济学家有理由坚称,有利于市场秩序是所有情形均适用的标准。"以及托洛茨基(Tortsky):"没有人想反对我们自己的党派,反对就是错误的。党永远是正确的,因为党是无产阶级实现根本任务的唯一历史工具……我知道反党是不可能正确的。人只有和党一起并且通过党(with the party and through the party)才是正确的,因为历史尚未创造出其他判断正确的方式。"转引自麦德维杰夫:《让历史来审判——斯大林主义的起源及其后果》(R. Medvedev, *Let History Judge—The Origins and Consequences of Stalinism*, rev. edn., Oxford University Press, Oxford/New York, 1987),第 127 页。

② 麦克弗森:《占有性个人主义的政治理论》(C. B. Macpherson, *The Political Theory of Possessive Individualism*, Oxford University Press, Oxford/New York, 1964/1962)。见该书第 26—64 页关于占有性个人主义的概述。主要观点就是:(1)没有人附属于其他人,因为(在此意义上)每个人都有独立于他人的意志;(2)每个人处于与自己的关系之中,犹如所有权关系,因为(在此意义上)每个人对自己的人身(person)和能力(capacity)都具有排他性的控制,且所有权(proprietorship)是这种排他性控制的普遍形式;(3)人与人之间的基本关系是契约关系;(4)国家(政治结构)是保护个人人身和财物及其契约关系的机制。

学基本立场的问题。

(二) 技术缺陷

1. 技术缺陷简述

立法中的技术缺陷相当重要,但同时人们却论之甚少,至少在斯堪的纳维亚地区如此。我将指出几种主要的技术缺陷,并简要评述:

(1)逻辑不一致。

(2)语言晦涩。

(3)立法过于决断、过于明确,或者过于笼统、不明确,自由裁量权过大。这取决于关注什么价值——比如实质正义或者法律的可预见性——一个特定的法律可能被认为过于决断或明确,或者被认为过于笼统、不明确,为法律适用留下了太大的自由裁量权。

(4)从准备工作或者代表团审议到司法实践的立法。法律文本没有为重要问题提供答案,却在议会或议会前的准备材料中(准备工作,立法背景,准备材料)提供了答案,或者将问题留给了司法机关,此时立法就被认为有缺陷。

(5)缺乏体系。法律可被视为具有两方面特征的信息系统。首先,法律职业实践者需要处理的信息量非常庞大。其次,信息量不断地发生局部变化,总量也不断增加。这两方面特征使得系统性对法律而言非常重要:对法律的教育、学习、记忆和适用都非常重要。

关于各种系统性缺陷,我将简单指出一个区别。一方面,某一特定的法律自身缺乏体系。比如,不妨对比一下斯堪的纳维亚地区混乱的合同立法和系统的《美国统一商法典》与《德国民法典》。另一方面,某部法律自身具有体系性,但它所使用的关键词汇和术语却赋予它新的含义,倾向于瓦解现有法律体系,也就是说,将一个规范体系变成碎片化的规范集合。举例来说,公司的垃圾主管需要确保公司遵守几部有关垃圾的法律。他运用这些法律是容易还是非常困难,就取决于不同法律是否使用相同的或者不同的垃圾概念以及相关术语。这与在工作电脑上安装新的软件时遇到的问题类似,可以说是新立法的"兼容性"问题。关系到源头的兼容性或不兼容性问题,即组成概念的定义以及与概念相关的术语的不兼容问题,可以被称为"定义兼容性"问题。[①]

2. 技术缺陷是立法数量多的重要原因之一吗?

(1)与对实质缺陷是否是立法数量的重要原因这一问题的回答不同,这个问题的答案没有那么确定。需要对特定法律体系做仔细考察,才能发现消除技术缺陷是否是推动新立法的动因。

在斯堪的纳维亚地区,近年来,消除技术缺陷(特别是汇编和系统化零散规则的想法)成为推动新立法的重要动因。同样,如果新的立法由于其他原因发起,技术问题也常常同时被提起。[②]

(2)各类技术缺陷的产生在不同的法律体系中是不同的。一个例子就是逻辑不一致。此类缺陷在以集中、高度职业化和协调一致的方式起草立法的国家(比如英国)更少见,而在立法起草工作缺乏这些特征的国家(比如美国)则更常见。[③] 另外一个例子就是,立法者在法律文本中没有为重要问题提供答案,却在议会或议会前的准备材料中(准

---

① 我是在广义上使用"定义"(definition)一词的,关于我的定义理论,见恩格:《关于同意/分歧的分析——对法律和法律理论的特别参考》(S. Eng, *U/enighetsanalyse—med særlig sikte på jus og allmenn rettsteori*, Universitetsforlaget, Olso, 1998),第55—266页(Ch. Ⅱ B)。该书由克鲁尔(Kluwer)出版社翻译成英文。

② 关于商法的立法,见汉娜:《商法立法》(J. Hellner, *Lagstiftning inom förmögenhetsrätten*, Juristförlaget, Stockholm, 1970),第170页。

③ 关于英国和美国法律体系的比较,见阿蒂亚、萨默尔:《英美法中的形式与实质》(P. S. Atiyah and R. S. Summer, *Form and Substance in Anglo-American Law*, Clarendon Press, Oxford, 1991),第63—66、315页及以下诸页。

备工作,立法背景,准备材料)提供了答案。在挪威的立法传统中,此类问题较为常见。这一技术发挥作用的必要条件就是,法律顾问和法官允许将议会和议会前的立法资料中的相关论述纳入考量。① 这一条件仅仅在很小范围的英语法律体系中才具备。② 第三个例子就是对立法系统性的比较:一类是英美国家,另一类是德国,居中的是斯堪的纳维亚地区的立法传统。

不论消除技术缺陷是否是新立法背后的动因,毫无疑问,通过避免技术缺陷(比如,避免使用晦涩的语言,避免将法律问题留给背景材料或者司法实践),立法将更有效率。在立法技术缺陷得到避免时,这些缺陷就不会成为立法数量庞大的重要原因,也就不再需要那种不断地修正技术缺陷的立法了。

(3)对于技术缺陷是否对规范人类行为的替代技术有不同的推动作用这个问题,难以笼统回答,需要根据具体的替代技术来讨论。

(三) 手段—目的缺陷

1. 手段—目的缺陷简述

在说到手段—目的缺陷时,通常会想当然地提到一些道德的、政治或其他的价值,并批评立法成为实现这些价值的有限手段。此种手段—目的思考具有技术性面向。原因在于,没有考虑到这些所追求的价值的任何缺陷[比较上文第(二)部分]。同时,这种手段—目的的思考也具有实体性面向。原因在于,通过定义已预设了某种目的,即某种

---

① 关于这一点的挪威理论,见艾考夫:《法律渊源学说》(T. Eckhoff, *Rettskildelære*, 3rd edn., Tano, Oslo, 1993),第三章。
② 见恩格:《关于同意/分歧的分析——对法律和法律理论的特别参考》,第 55—266 页。

价值[比较上文第(一)部分]。这种介于纯技术和纯实体间的特性,使得手段—目的因素有必要成为独立的研究对象。

与本文所用的"手段—目的(缺陷/考量等)"相同的描述性词语是"效用"和"工具"。需要注意的是,尽管手段—目的考量从定义上预设了实现某种目的(即价值),但这种价值本身没有必要成为讨论的主题,或者从心理层面暗示讨论的参与者。常见的是,这种预设的目的甚至理所当然地被认为可能是"潜意识"的。例如,这在有关市场观念的手段—目的的讨论中[本文第四节第(一)部分第2点第(3)小点]就很有用。

2. 手段—目的缺陷是立法数量多的重要原因之一吗?

(1)对立法的道德和政治批评总是包含着手段—目的的考量。然而,手段—目的考量是否如这个词的频繁出现所暗示的那样起到强烈的激励作用,是值得怀疑的。

在道德和政治语境中,往往是立法的表达方面成为立法的强大动因。① 举例来说,在1972年之前,在挪威的法律汇编中,男性同性行为或者男女未婚同居行为均属犯罪行为。② 到了1972年,这些法律已经停止实施很久了,仅仅在名义上仍是挪威法律的一部分。然而,废除这些法律却激起了强烈的反对。这些反对意见显示,其重要的动机不在于法律本身的实效,而在于这些法律是价值的象征和公开表达。

在政治语境中,反对意见通常并不是与目的相关,而是与手段相关

---

① 关于立法作为表达方式,见奥贝尔:《论惩罚的社会功能》(V. Aubert, *Om straffens sosiale funksjon*, Universitetsforlaget, Oslo, 1979/1954),第178—193页;奥贝尔:《立法的社会功能》("Some Social Functions of Legislation", *Acta Sociologica*, Vol. 10, 1966),第98页及以下诸页,特别是第109页及以下诸页;奥贝尔:《法律的社会功能》(*Rettens sosiale funksjon*, Universitetsforlaget, Oslo/Bergen/Tromsø, 1976),第154—155页。

② 分别对应1902年5月22日的《挪威刑事诉讼法》第10条第213、379款。

("我们坚持……民主／人人平等原则／男女机会均等,等等;我们坚决反对……人类的苦难／战争／毒品泛滥,等等")。政治讨论通常以揭示现实不同面向的方式得以呈现,所针对的问题好像是反对者没有充分意识到这一面向的重要性。讨论常用的措辞是为既定的和共同的目标选择手段。同时,政治讨论通常不易接受涉及该社会领域的现有研究。我相信,富有成果的一个假设就是:大多数有关手段的政治讨论都是为了确立或者维持某种对所涉及不同利益做出政治决定或行动的自由,而不是为了真正找到最有效的手段。

(2)相同的说法是,避免手段—目的缺陷可以让立法更加有效。同样,如果手段—目的缺陷被避免了,这些缺陷也就不会成为立法数量庞大的重要原因了,进而也就没有必要不断地改进无效率的立法了。

(3)至于修正手段—目的缺陷是否对规制人类行为的替代技术有不同的推动作用,那就同样需要对具体的替代技术[比较本文第四节第(二)部分第2点第(3)小点]做出针对性的研究了。

(4)在讨论真正的立法辩论时,涉及手段—目的缺陷的考量与涉及实质缺陷和技术缺陷的考量之间存在着重要的差异。后两种讨论通常限于比较不同的立法方案。前一种关于手段—目的的讨论通常会扩展到对立法方案和规范人类行为的替代技术进行比较。

立法辩论的特点与其他两个特点密切相关。第一个就是,很多人主要是从手段—目的的角度讨论规制人类行为的替代技术。典型的例子就是替代技术被认为是市场的变种,而市场被认为是一个政治考量领域之外的实体,一个从定义上来看就会产生道德结果的实体[见本文第四节第(一)部分第2点第(3)小点]。第二个就是,在立法讨论中用实质考量代替手段—目的的考量的倾向。

五、基础性工作：将法律定义作为反思的起点和一般法案的判例

大致来说，上文都是从形而上角度来讨论的。我们分析了以确定语言表述的法律议案，以找到最符合我们利益的法案。同样，从基础入手可能也会取得成效，即从我们研究所围绕的具体现实入手。法律定义就是这种具体现实的一部分。

在各种著述中，有关法律定义的论述少之又少。这也反映了现实的一个侧面，即人们很少讨论逻辑学和数学之外的定义。在另一本书中，我分析了包括法律定义在内的日常语言中的定义。[①] 本文中我也在几个例子中使用了实例层面的法律定义［第二节第（一）部分和第四节第（二）部分第 1 点第（5）小点］。

如今，不必多说的是，法律定义可以成为讨论立法膨胀和法律质量问题的起点与一般性法案的判例。前述很多概念和问题都是法律定义领域的典型例子。

六、结　论

本文的重点在于，从描绘当我们在使用"立法膨胀"和"差的立法"这样的惯用语时，实际上可能合理地指什么的视角出发，分析有关立法的现实语言和讨论。目的就是使"立法膨胀与法律的质量"的表述更具

---

① 恩格:《关于同意/分歧的分析——对法律和法律理论的特别参考》，第 55—266 页。

可操作性。很难将这个话题讨论得既全面又有趣。这个主题需要加以细分,以触及真实的概念和问题。

　　恰当的标准是什么呢?部分是对事实的接受能力,但不仅限于此。我们的兴趣应当不仅仅在于找到并总结新的事实,还要澄清问题本身及与之相关的问题。

规则的可预见性和原则的灵活性
——意识形态多元主义与正当性问题

达尔曼(Christian Dahlman)

一、引 言

德沃金做了一个著名的划分,即规则和原则在逻辑上的区别在于:规则的适用采取的是"是与否"的方式,而原则的适用则是"可以权衡"的。① 本文中,我将用这种区分来分析意识形态多元化的不同处理方式会如何影响法律体系的正当性(legitimacy)。

法律体系的正当性关系到人们在多大程度上从内在道德层面认同法律(而不仅仅是接受法律具有强制效力的事实)。正当性的最重要的特征在于,法律同时满足两个条件:具备可预见性(predictable),同时具有可接受性(acceptable)。② 法律的可预见性就是,人们(或他们的律师)能够正确预见法院将赋予其权利和义务的程度。法律具有可预见

---

① 德沃金:《认真对待权利》(R. Dworking, Taking Rights Seriously, Harvard University Press, Cambridge, Mass, 1977),第24、26页。
② 关于正当性概念两个方面的类似分析,见哈贝马斯:《在事实与规范之间——关于法律和民主法治国的商谈理论》(J. Habermas, Faktizität und Geltung: Beiträge zur Diskurstheorie des Rechts und des demokratischen Rechtsstaats, Suhrkamp Verlag, Frankfort on Main, 1992),第243页。

性非常重要,因为这为人们的行为后果提供了稳定预期。法律是可接受的,意味着人们感到他们的价值和利益被纳入考量,且程度足以让他们愿意认同整个法律体系。身处一个价值多元的社会,意味着你不可能认同所有规则。然而,你可以期待自己的价值能够与别人的价值一样得到同等考量。

二、处理多元法律概念的两种方式

毫无争议的是,从法律包含了相竞争的道德理论的角度来说,法律就是意识形态多元的。比如,有些案件要解决推动财富增长最大化的问题(波斯纳的"道德理论"),而另外一些则要解决促进最低限度的公平问题(罗尔斯的道德理论)。① 这种多元主义扩张到每个法律概念之中。不妨以"疏忽"(negligence)这一法律概念为例吧。在侵权法中,(至少)有三个关于"谨慎注意"(due care)的不同定义:

1. "谨慎注意就是在被告所处社区中的普通谨慎市民应有的注意。"

2. "谨慎注意就是采取了一切经济上有效的预防措施。"(这也被称为"汉德公式"。)

3. "谨慎注意就是未将他人暴露在不合理的危险之中。"

这三个定义的基础就是法律要支持的三种不同意识形态:

1. 风险分担。

---

① 波斯纳:《普通法中效率规范的伦理与政治基础》(R. Posner, "The Ethical and Political Basis of the Efficiency Norm in Common Law Adjudication", *Hofstra Law Review*, 1980),第487页;罗尔斯:《正义论》(J. Rawls, *A Theory of Justice*, Oxford University Press, Oxford, 1971),第60页。

2. 财富最大化。

3. 最低限度的安全(社会安全)。

侵权法学者经常提及意识形态多元。① 在不同案件中"疏忽"有不同的含义,这经常被认为是一个严重的问题。律师们担心,由于这种多元主义,侵权法已经失去了其正当性。这被认为是一种危机。②

据我所知,迄今为止,大体有三种处理意识形态多元主义的不同方式。第一种方式是使概念意识形态一元化。这意味着选择一种定义且适用于所有案件(并废止其他定义)。这种方法相当粗暴,我遇到的唯一主张这种方式的法律学者是波斯纳。在他的法律经济学里,他(至少其早期著作如此)③希望围绕财富最大化这一单一目标来统领法律的意识形态。④

处理意识形态多元主义法律概念的第二种方式是将不同的概念作

---

① 佛莱切:《侵权理论中的公平与效用》(G. Fletcher, "Fairness and Utility in Tort Theory", *Harvard Law Review*, 1972),第 537、540 页;施泰纳:《法院中的道德论证与社会视野:侵权事故法研究》(H. Steiner, *Moral Argument and Social Vision in the Courts. A Study of Tort Accident Law*, University of Wisconsin Press, Madison, Wi, 1987),第 18 页;科特勒:《自洽的竞争性概念:侵权法基础再评估》(M. Kotler, "Competing Conception of Autonomy: A Reappraisal of the Basis of Tort Law", *Tulane Law Review*, 1992),第 347—349 页;维鑫:《现代侵权理论的形而上学基础》(N. Wesion, "The Metaphysics of Modern Tort Theory", *Valparaiso University Law Review*, 1994),第 919—922 页。

② 皮埃斯特:《满足侵权法的多重目标》(G. Piest, "Satisfying the Multiple Goals of Tort Law", *Valparaiso University Law Review*, 1998),第 646 页;史密斯:《批判与危机:对当前侵权法概念的再评估》(S. Smith, "The Critics and the Crisis: A Reassessment of Current Conception of Tort Law", *Cornell Law Review*, 1987),第 165—168 页。

③ 最近波斯纳主张,他已经对这种原教旨主义(fundamentalism)做了限制,"对建立完美道德体系的努力表示怀疑"。见波斯纳:《财富最大化与侵权法:一种哲学研究》(R. Posner, "Wealth Maximization and Tort Law: A Philosophical Inquiry", in D. Owen ed., *Philosophical and Foundations of Tort Law*, Clarendon Press, Oxford, 1995),第 101 页。

④ 波斯纳:《普通法中效率规范的伦理与政治基础》(R. Posner, "The Ethical and Political Basis of the Efficiency Norm in Common Law Adjudication", *Hofstra Law Review*, 1980),第 487 页。

为需要彼此权衡的相冲突的原则,不舍弃任何一种意识形态。相互冲突的价值和目标被认为与每个案件(表面上)相关,老练的法官需要对它们进行权衡。哈贝马斯主张这种方式。哈贝马斯认识到了法律体系内存在各种相互竞争的"范式"(根据不同的意识形态来解释这个世界)。哈贝马斯主张,这些范式本质上都是自创生的(autopoietic)。它们有自我封闭的倾向,并发展成为对世界的一元解释,且失去了与其他范式下的世界观的联系。①

哈贝马斯认为这存在深层次问题。他希望各种范式对彼此开放,并形成单一范式。② 根据哈贝马斯的法律商谈理论,法律规范如果是在所有相关人员之间的理想商谈基础上得到的,那么就有正当性。各种相互冲突的意识形态需要彼此对抗竞争,最有力的辩论将决定案件的结果(因而法律应当制定得在意识形态上具有融贯性)。

处理意识形态多元主义法律概念的第三种方式是将这些概念转化成规则(而非原则),并创制出中间规则以决定特定情境中应当适用的规则。比如,上文提到的关于"谨慎注意"的三种定义被转换为以下规则和中间规则:

规则:
1. 疏忽就是未采取普通谨慎市民会采取的预防措施。
2. 疏忽就是未采取经济上有效的预防措施。
3. 疏忽就是未采取使被害人免于暴露在不合理的危险之中的预防措施。

---

① 哈贝马斯:《在事实与规范之间——关于法律和民主法治国的商谈理论》,第271页。
② 同上,第272页。

中间规则：

1. 规则1适用于被告是自然人的案件（在私人生活中导致事故的发生）。

2. 规则2适用于原告、被告都是公司或政府机构的案件。

3. 规则3适用于原告是自然人而被告是公司或政府机构的案件。

借助规则（以及中间规则）体系，法官不必再在各种意识形态之间权衡不同的价值和目标，也不必在每个案件中进行权衡；在确立中间规则时他们已进行了权衡。下面，我们将从正当性的角度评估这些方法。从上文可知，这意味着我们将评价它们在确保法律的正当性和可预见性两方面的能力。

处理意识形态多元主义的第一种方式大大提高了可预见性。表达不同意识形态的原则之间没有相通之处。难以对它们进行比较，因而难以预测一个法官将如何就它们做出选择。如果意识形态多元主义被消除了，这个问题也就消失了，即明确列出的规则将适用于所有的案件。比如，将"疏忽就是未采取经济上有效的预防措施"这一规则适用于所有的案件（而不需要考虑疏忽的其他方面）。这将使司法裁判变得很好预测。这一规则同样包括评估，但这些评估都是经验性的，因而也就没那么随意。为了判断一个预防措施是否在经济上有效，法院不得不评估各种不同的成本。这种评估也并非完全可以预测的，但至少比权衡不同意识形态更容易预测。

这一方式的问题在于破坏了法律的可接受性。在法律按照意识形态一元论制定出来时，法律只提倡一种价值（如上面的有关促进经济效率的例子），而忽略了其他价值。对大多数人而言（可能除波斯纳之外),这可能意味着某种非常重要的价值被彻底忽略了,因而从道德的视角看人们无法接受这一法律。① 如同上文中我们所看到的,正当性要求法律被制定得兼顾可预测性和可接受性。某个赔偿金额对一个人而言是足够的,对另一个人而言则未必。使法律一元化是处理意识形态多元问题的糟糕做法。

运用多元的规则或者多元的原则,上述缺陷将能被避免。这两种方法实际上并无不同:它们都可以维持意识形态多元主义,同时还能在相互竞争的意识形态之间进行选择。区别在于:根据多元主义的谨慎注意原则,这种选择是根据个案来判断的;而根据多元主义的谨慎注意规则,这种选择需要(进一步)根据中间规则做出。这种区别的结果是:规则更具有可预测性,而原则更具有灵活性。

规则更有可预测性的原因和一元论更有可预测性的原因是相同的。上文描述的规则和中间规则体系减少了法官需要对不同意识形态做出选择的评估,而代之以更具有经验性的评估。和在一个案件中判断经济效率是否比社会安全更为重要相比,判断一个预防措施是否是被告所在社区"通常的"做法(规则1)与判断事故是否发生在私人生活中(中间规则1)相比,后者的随意性明显要小一些。在这方面,规则比原则更有助于提升正当性。

另一方面,规则的灵活性远不如原则。当一种评估是建立在更倚赖经验的基础上时,权衡的尺度就会被削弱。由规则和中间规则构成的体系的问题在于,不同意识形态的选择被转换成了简单的标准,比如"被告是自然人"或者"被告是公司"。这在大多数案件中运行良好,但

---

① 拉兹:《融贯性的相关性》(J. Raz, "The Relevance of Coherence", *Boston University Law Review*, 1992),第311页。

非常规案件也是经常有的。在非常规案件中,中间规则迫使法院适用某种意识形态,尽管法院可能认为另一种意识形态所主张的价值更为重要(如果允许其权衡不同的原则的话)。这一问题可以通过调和中间规则的方法予以缓解,但确实无法消除。因此,在谈到可接受性时,原则比规则更有助于提高正当性。

三、结　论

本文的结论是,意识形态多元主义可以通过不同的方式实现,对可预测性和可接受性权衡的结果也不同。两者对法律体系的正当性而言都是相当重要的。规则使得法律具有可预测性,但如果规则设计得不好,则会削弱其可接受性。原则就可以避免这个问题,但另一方面原则将使法律的可预测性降低。然而,这两种有助于提高融贯性的方法都比使得法律的意识形态同质化更好。

欧洲法律传统中国家的概念和制度

托洛宁(Hannu Tolonen)

一、本文的出发点

在欧洲的法律、政治和文化传统中,国家及其立法功能就两方面而言都是必要的。首先,国家和公共权力被认为是所有法律的外部来源。法律实证主义认为,所有形式的法律都是这一统治权的意志体现:法律是立法者意志的产物。法律是统治者的立法权建构出来的,后者也创造了整个法律秩序。

其次,还有另外一个国家概念,这个概念对法律体系而言更为具体和必要,尤其是能够在宪法和行政法中找到它。根据这个概念,国家是所有公法上的组织形式和法律关系的基础。国家权力和主权的法律特征都是建立在宪法基础上,并由宪法规定的。因此,今天看来,国家的概念包括两个方面:一方面,国家是所有法律的来源;另一方面,国家是所有公法关系的基础。

本文关注后一方面。公法关系在本质上与私法关系不同。公法关系的特征是关系不平等(税收、行政管理)、公共利益和单一主体。相反,私法主要由平等法律主体、私人利益以及多个主体构成。因此,可以说二者有不同的主体结构、利益结构和不同的法律行为。正如很多学者指出的那样,当某种特殊公共合同机制、新的非正式法律行为以及所谓的多中心法律模式越来越受到重视时,20 世纪末我们已经很难彻底划清公法与私法的界限。与此相统一的是,由于超国家法律从无到有且不断增加,国际组织内部出现新的法律机制,主权国家的权力开始受到质疑。

我的观点就是,法律是一种多面向的社会和文化现象,如最近很多理论所展现和分析的那样:法律的特征在于,它是一种具体的、制度性的商谈模式,同时自身也是一种(制度的和正式的)行为和结构。法律不仅通过自身的适用得到发展,如同一个体系被适用那样,成为一种社会的和司法的存在。因此,在这个意义上,法律与实践同步存在并发展。并且,法律也指引和规范社会及社会生活,因此,法律也像规范性制度一样存在并发展。国家无疑也是一种法律制度,甚至是一种杰出的法律、政治和文化制度。

最近有很多关于制度的规范、社会和哲学特性的讨论。举例来说,包括麦考密克(Neil MacCormick)和魏因伯格(Ota Weiberger)的制度法论,以及塞尔(John Searle)、伯杰(Peter Berger)、拉克曼(Thomas Luckman)和拉格斯佩茨(Erik Lagerspetz)的有关制度的社会学与哲学理论。这些不同理论的共同特征是都强调制度的语言属性。此外,所有学者都强调制度与(制度性)行为的互动。制度是通过行为和实践得以实现的抽象实体,这些行为和实践反过来又对制度进行复制、具体化或者创造出新特征。

由于制度是语言的复制品,因而总是受文化(包括社会、哲学和经济)观念的影响。基本的法律和社会制度(比如财产、合同和国家)都有自身的思想文化传统。在这个意义上,各种法律制度都可以被视为一种文化结构。制度的实践性、规范性结构和文化积淀这三个方面的特性都很关键,特别是三者的相互关联。法律实践通常是规范和规范性制度的适用,然而,它也表现、修正和复制这些规范及其结构。

在法律思想史中,国家的发展被划分为不同的历史阶段,每个阶段都延续、修正或者中断前一阶段的基本观念。在研究这些现象时,我们可以从两个角度来观察国家。首先,可以把国家看成一种观念,关注其抽象的观念性特征,并探究国家是如何在理论上、文化上和社会上起源的。其次,我们也可以将国家看成实际的行为,将其视为制度来探究。追随诺斯(Douglas C. North)有关法律与经济观念的历史研究,后一视角(将国家视为制度)可以进一步和有关制度与组织互动的研究相联系。在他的《制度、制度变迁与经济绩效》(*Institutions, Institutional Change and Performance*)一书中,诺斯主张,每一个法律、现实和现存制度(包括国家)基本上都包含制度层面和组织层面的互动。制度都有授权和限制规范,但这些规范都必须在具体问题中实现,并且由真实的行动者去执行。①

国家的制度和观念总是建立在特定的以完整社会、公共权力和公共利益为典型特征的人类合作基础之上的。我们可以从更细致的角度将国家的制度和制度性观念划分为三个主要历史阶段。每一个阶段都有其不同的社会环境和哲学基础。然而,每个阶段的特征都与有关国家的实际观念和制度相关。相应地,我将对历史大致做一个三重区分,并以此为探讨的起点。

制度学派认为国家在历史上有不同的基本任务。维持和平与秩序是国家在早期阶段的功能。接下来的阶段就是现代官僚制度的出现,官僚机构是规范和指导经济与社会生活、发动大规模战争(这就需要常

---

① 诺斯:《制度、制度变迁与经济绩效》(C. North, *Institutions, Institutional Change and Performance*, Cambridge University Press, Cambridge, 1990)。

设的正式税收)所必需的。在第三阶段,也就是当下,国家需要生产和分配公共产品,还需要保障所有公民的基本生活。

根据这种大致区分,我将进一步详细讨论封建国家、官僚国家和福利国家及其各自特征。后两者又可以根据各自的发展顺序再分为两种不同的形式:官僚国家可以分为主权国家[第三节第(一)部分]和法治国家[第三节第(二)部分];福利国家可以分为福利国家[第四节第(一)部分]和后福利国家[第四节第(二)部分]。

二、 封建国家/社会

封建制度是一种具体的国家和社会形态。最为典型的特征是,在封建社会的构成中,公共领域与私人领域相互交织,国家功能与社会功能相互交织,私人财产与公共权力不可分割地相互交织。这意味着没有公法意义上的国家。在中世纪,国家被理解成为与财产和/或家庭类似的概念。这正是世袭国家或者父权制国家所指的国家。此外,这也正是国家的建构具有一种非正式特征——社会的、法律的和道德的领域相互联结——的原因。

这就是韦伯理论中的封建社会。近来有关封建制度的研究强调封建国家的等级制特征,认为其主要功能在于维持和平与安宁、提供军事力量、维持财产秩序及发挥文化功能。封建国家发挥着重要的社会功能:文学艺术、教堂、大学(自11世纪开始)、寺院、税收、货币等等。当封建国家承担起这些"公共"职能时,等级社会(一个划分为贵族、教士和农民的社会,拉丁语为 bellator、orator 和 laborator)成为其最典型的组织原则。反过来,这也意味着一个公开的不平等社会。

有关封建制度的现代研究发现了中世纪行为和思想的更多其他具

体法律特征。因此,有所保留地说,早期欧洲国家观念具有一种法律的、道德的和社会的特性。指称国家的不同术语是考察中世纪法律思想的一个好起点。我发现了九个用来指国家权力(统治权意义上的)的典型中世纪概念。帝国(imperium)、城邦(civitas)和共和国(res publica)是中世纪早期的三个典型概念。在 12 世纪、13 世纪和 14 世纪,用来指统治权的基本概念包括 status(各国语言中"国家"一词的词源,如 Staat、estado、l'etat 等等)和 regimen(政权)。我们还可以加上希腊语的政治(polis)(也在拉丁语中使用)、市民社会(societas civilis)、政府(principatus)和主权(dominium)(有统治权和财产的双重含义)。

这些不同术语的正当化功能对于国家而言是必需的。简单而言,res publica 一词具有所有人的公共事务的含义。基本的组织原则与 status 和 regimen 相关。根据后者,我们可以从组织上和正当化方面做以下两种区分:

(1) 王朝[regimen regale(status regalis)]将国王本人视为支配的权力和团结社会的原则。这一观念与康托洛维茨(Ernst H. Kantorowics)的"国王的两个身体"思想有关。国王的人格具有多重权力面向:他私人的、政治的和共体的①。支配权力和公共领域的是国王的政治人格。国王的这一"身体"是不朽的,根据康托洛维茨的详尽分析,这一身体具有精神的和超人的能力。②

(2) 共和国[regimen politicuum(status politikon)]将公共支配权概念化为人民的有机体。这一思想最早是由亚里士多德在他的《政治学》

---

① 将 universalis 翻译为"共体的",参考了徐震宇译的《国王的两个身体》(华东师范大学出版社 2018 年版)。——译者注

② 康托洛维茨:《国王的两个身体》(H. Kantorowics, *The King's Two Bodies*, Princeton University Press, Princeton, 1981/1957);玛格:《论现代国家观念的出现》(W. Mager, *Zur Entstehung des modernen Staatsbegriffs*, Akad d Wiss und Lit Abh d D geist Und soz Kl, 1968)。

中提出的,该书在13世纪中期被翻译成了拉丁语。作为共和国的国家被视为全体人民的一个工具,但并没有包含平等参与权力或者民族国家的观念。相反,这一术语应当被理解为中世纪的不平等社会概念。这些思想给这一概念赋予一种中世纪的亚里士多德学派含义:国家被视为前述不同阶层的一种平衡,或者是亚里士多德学说中的不同政府形式(君主制、贵族制和共和制,以及三种变体——僭主制、寡头制和民主制)。这些思想被总结到"混合制政府"的概念之中。这是最佳政府形式的原则性答案。①

乌尔曼(Walter Ullman)的分析认为,王朝和共和国的区别在于两项基本的组织原则:"从上到下问题"(descending thesis)和"从下到上问题"(ascending thesis)。② 这两个术语反映了权力来源观念的差异:权力传承自君主还是来源于人民。前者是一个统一原则,而后者(不同于当下的民主制度)关注的是不同的环境以及不同社会群体(阶层)之间的平衡,并以此作为最佳政府的基础。

在中世纪后期,我们从"众人之事由众人主持"(quod omnes tangit)的原则中,从"全体公民"(universitas civium)的概念中,以及从14世纪早期帕多瓦的马西略(Marsilius of Padova)提出的全体公民的一致同意中,③都能看到民主的某些特征。但主要思想另有来源。国家和公共权力的现代观念主要源于王朝的权力,源于国王的绝对权力[可以比较君

---

① 详见托洛宁:《国家的司法观念》(H. Tolonen, "Valtion juridisesta käsitteellistämaisetä", in *Suomalaisen oikeusajattelun perusteista*, Viljanen, Turku, 1982)。

② 乌尔曼:《中世纪政府与政治原则》(W. Ullmann, *Principles of Government and Politics in the Middle Age*, Methuen, London, 1961)。

③ "quod omnes tangit abomnibus est approbari"的意思是"关系到所有人的事应当经过所有人同意"。见波斯特:《中世纪法律思想研究》(Post, *Studies in the Medieval Legal Thought*, Princeton University Press, Princeton, 1962)。另见托洛宁:《国家的司法观念》。

主主义者("专制主义者")和共和主义者之间的分歧]。

三、现代公共权力：官僚国家

从民主国家的特征和公共权力的观念中可以看到分水岭。决定性转折就是以下特征：

——在道德上和法律上都将公共关系和私人关系视为不同领域；

——统治权力的来源；

——立法权的来源，以及立法权与司法权的区分。

在中世纪没有真正的立法权。相反，中世纪将自然法观念和契约思想作为自然义务和权利的来源。

（一）主权概念

前述三个特征都被统一到主权概念中。在现代社会早期，即16、17世纪，主权第一次被视为在本质上不同于私人（权力）关系。主权超越所有其他社会关系，并且可以创制和改变它们。私法和公法的区分以及立法权的现代思想都源于此。

这种新的主权具有如下特征：

——所有国家公权力的统一体；

——绝对的公共权力，即最高的、独立的、不可分割的权力；

——法律上不受限制的权力，本身就是法律的来源且不可被法律限制。

这些就是国家权力和公共权力的基本法律特征。[1] 它们和很多有

---

[1] 详见托洛宁：《公共的与私人的》(H. Tolonen, "Julkinen ja yksityinen", *Oikeus*, 1979)。

关国家正当性的思想结合在一起。从中我们可以看到从上到下问题和从下到上问题的不同面向。相应地,我们也可以找到君权神授(权力由上帝正当化)、理性国家(国家的公共任务)的观念,或者各种有着细微差别的社会契约基本理论。在这些新概念中强调的是国家机构的人类拟制特征。其中暗含了代理这一最重要的概念,它的历史来源就是中世纪的教会法至上主义运动(the medieval conciliarism of canon law)。

(二) 法治国家(Rechsstaat)

自16或17世纪以来,主权被视为看待国家权力及其组成部分的新视角。在19世纪早期,当哈勒(Ludwig Haller)提出有关世袭国家的老掉牙的和开放的封建国家理论时,他遭到了一致反对。① 他提出的以事实依附和契约或财产关系为国家基础的理论,遭到了所谓的国家有机体理论[斯塔尔(Julius Friedrich Stahl)可能是主要代表人物]的一致反对。根据国家有机体理论,国家是一个共同体(在本质上超越特殊和个人利益的共同体)。但国家也是"一个机构""一种制度"。这一概念与国家的法人概念接近。这也是两种不同的法治国家原则核心观点的起点。第一种关注国家的整体性(国家意志的整体)。第二种暗含了法律代理的概念,国家的整体权可以被代理,并有不同的国家机构。

进一步发展这些思想,就可以得到法治国家原则,国家和公共权力的法律形式不同于自然和事实上所看到的那样。与私法中的概念法学(Begriffsjurisprudenz)相同的公法观念是:这一理论的目标在于发展一种具体的法律结构,通过这一法律结构可以检测国家官僚机构

---

① 哈勒:《法理学的复兴》(C. L. von Haller, *Restauration der Rechtswissenschaft*, 2nd edn., Winterthur, 1820),第一至四章。

不断增加的事实真相。它将所有的公共法律关系都置于统一的原则之下。这种具体公法关系是由一个国家法人（Staatspersönlichkeit）及国家意志（Staatswille）构成的。我们可以将国家的法律性质总结为两个方面：

第一，公法或者国家法（Staatsrechtswissenschaft）学说必须有别于自然的［如格伯（von Gerber）所言］或者社会的［如杰利内克（Jellinek）所言］观点。我们必须找到一种具体的法律观点，"一种法理学观点"，"一种法律建构"。建构的法律原则就是国家意志的统一。如格伯所说，国家是一种意志能力的系统（ein System von Willensmöglichkeiten）。国家是一种公共法律人格，为其公民创制权利和义务。

第二，法治国家原则同样有明确的国家行为及其基本组织原则理念。当国家干预公民的自由和财产时，必须借助立法行为使其干预行为正当化。同理，这也必须是一个抽象的规范，假设平等对待所有公民的话［即所谓的法治规则（Rechtssatz）］。议会必须参与法律制定。这些法律特性形成了国家的立法活动，这些立法活动也被称为外部国家行为（国家相对于公民而言）。但是国家官僚机构也有一个内部的法律组织结构，这一结构不是通过立法形式而是通过行政程序实现的。后者被称为国家的内部关系，且不被认为是真正的法律关系，原因在于国家仅是一个独立的法律人格。如梅耶（Otto Mayer）所指出的，这种内部/外部关系（国家 vs 公民/国家机关 vs 国家机关）与干预政府/执行政府（在德语中是 Eingriffsverwaltung/Leistunsverwaltung）是等同的。①

---

① 梅耶：《公共合同原则》（Mayer, "Zur Lehre vom öffentliche Vertrage", *Archiv des öffentlichen Rechts*, 1988）, 第 37 页及以下诸页。另见托里：《国家政府的行政机关》（K. Tuori, *Valtiohallinnon sivuelinorganisaatiosta*, Vammala, 1983）。

四、福利国家和后福利国家概念

法治国家原则是公法关系概念化和分析的具体法律形式。其核心和基本观念就是法律的确定性(legal certainty,德语为 Rechtssicherheit)。公法的任务就是检测在私法关系中为公民提供法律救济和保护公民免遭公权力滥用的各种方式。在此意义上,法治国家原则通过公法和私法的分离以及保障公民私人自由和财产,实现了自由主义范式。

(一)福利原则

在下文将提到的观点中,福利主义国家观念的逻辑是完全不同的。福利主义从更广的视角看待国家的任务。福利国家必须与公民的基本社会和法律能力相联系。其目标在于实质平等,并致力于满足所有成员的基本需求。这些需求包括基本的生存、意外事件(如疾病、失业)保障以及公共服务(如教育和卫生服务)。国家的基本特征就是干预者,即对法治国家范式下被称为"私人领域"的法律地位进行干预。这导致了一个分配型国家,即规制公民间的不平等地位,创造新的保护角色,比如消费者保护法和私人债务的重新调整。

(二)后福利国家:福利和后福利

许多社会科学家和哲学家一直关注的基本论题就是福利国家的道德腐败和经济崩溃。这一论题有很多方面,比如在新自由主义经济学中,在劳动法中有关集体合同失败的思想,以及在社会生活各领域对市场机制的过度强调,等等。这些学者通过复兴旧自由主义以及坚信靠市场机制"看不见的手"调控等,尝试反转过去的发展模式。我不想重复这些观点。我相信,我们生活在一个面临新挑战的复杂的后工业社会中,这些挑战依靠市场力量自我调控的旧自由主义是无法解决的。我们需要国家和国家调控。但需要哪种国家和立法规制呢?我将这一问题归结为福利主义/后福利主义困境,并相信这是一项更为艰巨的理论和实践挑战。

这是国家与立法理论的基本问题。在组织和实践领域以及在理论领域都出现了一系列重大新情况。自20世纪80年代以来,出现了各种各样关注国家行为和公法本质的所谓反思性法学(reflexive law)理论。如今这些问题被分类,并被称为法律多元主义和后现代商谈理论。①

一个核心问题是协调传统私法领域和公法领域的新组织机制。这类机制逐步主导了国家机构。在反思性法学及其之后的各种理论中都强调了这一现象。② 其观点可以总结为自我规制社会机制思想。这一机制已经取代了单一的国家干预主义者的立法行为(劳方与资方的集体协议就是典型例子)。与干预不同,公权力仅仅规制程序和权限;各方的共识是直接目标,而不是某些力求实现的社会效果。替代国家权

---

① 第一个以专题形式分析反思性法学的是卢曼(Niklas Luhmann)和图依布纳(Gunther Teubner)的研究。见卢曼:《通过程序正当化》(N. Luhmann, *Legitimation durch Verfahren*, Suhrkamp, Frankfort on Main, 1969);图依布纳:《现代法律中的实体的与反思的要素》(G. Teubner, "Substantive and Reflexive Elements in Modern Law", *Modern Law Review*, 1983)。图依布纳20世纪80年代末和90年代期间所写论文的第二个重点就是所谓的"自创生法律"(autopoetic law)。最近,他强调的是法律多元主义和后现代商谈理论的各种学说。见图依布纳:《杰纳斯的两个事实》(G. Teubner, "The Two Facts of Janus", in K. Tuori and Z. Bankowski eds., *Law and Power*, Deborah Charles, Chippenham, 1997),第119—140页。"关系理论"(relational theories)也关注这一现象。见威克尔:《三种法律结构:条件的、目的的和关系的》(H. Wilke, "Three Types of Legal Structure. The Conditional, the Purposive and Relational", in G. Teubner ed., *Dilemmas of the Law in the Welfare State*, de Gruttter, Berlin/New York, 1986);菲茨帕特里克:《关系的权力与法律的限度》(P. Fitzpatrick, "Relational Power and the Limits of Law", in K. Tuori and Z. Bankowski eds., *Law and Power*, Deborah Charles, Chippenham, 1997),第85—97页。

② 梅耶:《公共合同原则》,第37页及以下诸页。

威和立法的是,相关社会利益团体成为社会机器运转的代理人。与反思性法学并行的是哈贝马斯的程序正义理论,根据哈贝马斯的理论,程序正义取代了干预主义者的国家。两种理论都强调这一新方法的灵活性:更加开放,且对社会环境及其需求更加敏感。

我将试图进一步讨论相关问题。首先,福利国家行为和反思性法学方法并非如图依布纳和哈贝马斯所想的那么绝对对立。相反,我将强调它们的互补性:公民的基本能力和平等也可以通过反思性法学的方法实现。在主权理论、法治国家理论和干预主义理论中,一个基本真理就是立法者在法律上是不受任何限制且无所不能的。但是,他或者她在社会上或道德上是否无所不能则是另外一回事。对于这一问题,毫无疑问,我们已经变得对程序而非直接的法律方法更为敏感。法律以某种方式存在于社会和道德环境之中。这一方式偶尔让我们回想起封建国家(社会)思想及其契约关系和法律的开放性道德结构。

其次,这一问题也暗含了一个20世纪90年代曾讨论过的有关法律现象的更广的研究领域。这些新现象的共同特征就是,在公法领域和私法领域,以及在调整社会关系的公法方法和私法方法上,均强调对主权的限制。我们可以指出有关国家和立法的组织与制度观念的四个特征。

(1)公共权力的统一性受到质疑。我们在国家管理上出现新的组织形态,即不同国家机关之间形成了法律上的合同关系。这对于"二战"后也主导了芬兰的法治国家原则而言就是一个例外。原因在于,根据其自身的基本原则,国家仅有一个法律人格:在国家内部是没有法律关系的。扩展国家能力仅需要某些类型的合同权利能力。芬兰学者马恩帕(Olli Mäenpää)在他有关行政合同的著作中提出了国家机关的弱法律主体资格概念。①

（2）国家主权或者立法的无所不能这一西方法律思想中最为传统的基本原则，受到新现象的挑战。根据这一原则，公共权力在法律上是无限制的。这反过来暗含着这一思想：公共权力不能限制自己的意志。我从马恩帕的研究中找到了芬兰的例子：根据芬兰最高行政法院的判决，赫尔辛基市政府有义务向因市政计划行为而遭受损失者支付（有限的）赔偿；此前，在一个私人合同关系中，市政府提高了另一方对某种建设可能性的期望。

（3）基于合同或者财产的新型行政管理。在20世纪90年代，出现了一种新的趋势，就是综合使用行政权力与合同手段。芬兰立法中的一个例子就是1998年初引入的新《失业法》（Unemployment Act）。这部法律使得公共权力与私人合同自由的结合成为可能，并被运用到一项就业计划当中。这种结合的结果就是，在一个雇佣合同中，公共权力有义务提供工作，公民有义务付出并维持工作能力。这个例子很有趣。原因在于，公民的基本权利（劳动权）即便在福利主义（更不用说法治国家）原则中都属于合同之外的领域。

（4）私人和公共风险管理。卢曼、埃瓦尔德（Ewald）和其他学者的新风险理论为观察法律体系提供了一种新的方式：我们可以说，社会风险（埃瓦尔德）、环境风险（卢曼）、合同风险和刑法都可以被视为一种风险分担方法（比如交通管理）。我们可以区分风险管理的公共方面和私人方面：前者包括国家管制，而后者包括使用合同手段和保险。我将提到使用保险的社会风险管理的各种案例。芬兰的一个例子就是1987年推出的对伤残病人的保险体系：在一个（如人们经常描述的）充满风

---

① 见马恩帕：《行政合同》（Mäenpää, *Hallintosopimus*, Vammala, 1988）。

险和灾难的社会中,需要公共权力介入风险管理,因此,国家使用保险和合同手段。这种共担和管理(特别是对社会风险的共担和管理)有深刻的社会和道德特征,特别是如埃瓦尔德所描述和分析的那样。①

上述(1)—(4)中的所有例子都与国家的福利主义功能相关,但都使用了私人的和准公共的手段,而非直接的公共干预和立法。

五、结 论

回顾国家的历史类型,一方面,我们可以回到观念上;另一方面,可以回到制度上,即在组织上实现实践问题。通过这一视角观察,拥有规则立法功能的国家常常成为一个组织的和实践的问题。不同国家形式在制度上总是需要面对不同社会环境下的新挑战。但我们也需要关于国家及其行为的一致法律观。此外,我们需要国家的正当性,在道德上和哲学上证成对此问题的回答:国家这一机构是如何在道德和法律原则上关注公共事务和利益的? 在回答这一问题时,我们需要一个前后一致的、道德上证成的国家概念。

我们生活在一个充满挑战和新问题的时代。在新的后福利主义思想中,我们必须重新评估很多组织和实践问题。进而,我相信这些新的组织问题涉及准公共的性质和私人的组织手段。但它们不再是单纯实现目的的技术手段:它们在本质上跟国家和公法的法律与道德本质有关。

---

① 埃瓦尔德:《福利国家》(F. Ewald, *L'Etat Providence*, Grasset, Paris, 1986)。

政治和法律之间的立法

图奥里(Kaarlo Tuori)

一、立法法理学的问题

众所周知,法律理论总是从法官而非从立法者的视角入手解决法律问题,其他一般法律科学也一样。法律理论总是关注法官的决定和论证,而不关注立法者的决定和论证。法律的合理性是法律理论的中心问题,但是这种合理性总是自然而然地被等同于法官及其决定的合理性。

20世纪是实证法的世纪,也是一个立法者主权的时代。在此过程中,特别是随着社会福利国家的式微,立法总是不断地被用于试图有目的地管理社会,这既包括经济系统,也包括市民的日常生活领域(即生活世界)。特别是我们的官僚和政治家总是将法律视为一种社会工程的工具,用哈贝马斯的说法就是一种媒介。然而,在20世纪后期,法律的工具化所带来的问题越来越突出:立法膨胀和社会关系的法制化[合法化(Verrechtlichung)];所谓的立法起草质量下降,以及随之而来的立法质量下降;国家通过法律干预缺乏正当性。这些问题都与司法裁判的合理性无关,而与立法的合理性有关。

但如果这些问题与立法的合理性有关,我们在这里所使用的合理性的确切含义是什么呢？法律理论对于澄清和解决与立法合理性相关的问题而言是否有所帮助呢？立法法理学，或者立法者视角的法理学，是否能替代主流法律理论（及其所采纳的法官视角）呢？① 为处理这些问题，我首先分析立法在法律系统的整体中所发挥的作用。

二、作为政治和法律实践结合体的立法活动

在我们的实证法时代，立法是迄今为止最为重要的法律来源；但法律的来源并非就是法律本身。事实上，我将捍卫这一主张，即非常重要的是，立法（即立法活动的终端产品）被认为是"尚未成为法律"（not-yet-law）而不是"已经是法律"（already-law），只是法律的原始素材而非"法律本身"。在此前的论文中，我们对法律的两个不同面向做了区分：作为法律规范、法律秩序的法律，以及作为特定社会实践、法律实践的法律。② 当然，法律的不同面向密切相关。因此，法律实践需要对作为法律规范的法律的生产和再生产负责。

然而，我们称之为法律实践的社会实践具体是什么呢？我提出两个定义标准：一个是指这些实践行为的行为人；另一个是指其结果。相应地，严格意义上的法律实践包括这些社会实践：其主要行为人是法律

---

① "立法法理学"（legisprudence）这一术语是由温特根斯（Luc Wintgens）提出的。见温特根斯：《立法法理学视角下的法律制定与适用：法官和立法者视角的观察》（L. J. Wintgens, "Creation and Application of Law from a Legisprudential Perspective: Some Observation on the Point of View of the Judge and the Legislator", in A. Aarnio ed., *Justice, Morality and Society: A Tribute to Aleksander Peczenik on the Occasion of His 60th Birthday on 16 November 1997*, Juristförtlaget i Lund, Lund, 1997)，第469—489页。

② 例如，见托里：《迈向现代法律的多层次观念》（K. Tuori, "Towards a Multi-layered View of Modern Law", in A. Aarnio ed., *Justice, Morality and Society: A Tribute to Aleksander Peczenik on the Occasion of His 60th Birthday on 16 November 1997*, Juristförtlaget i Lund, Lund, 1997)，第427—442页。

职业者,且这种实践有助于作为法律秩序的法律的持续性生产和再生产。我所定义的法律实践的典型行为就是与司法裁判和法律科学有关的实践。但是,在我们当下社会中,主要承担新法律规范生产职责的立法是法律实践吗?这种立法也不属于作为法律的生产和再生产的法律实践吗?

我的答案是,既是也不是。记住,根据我的定义,法律实践的主要行为人包括律师、法律职业者。根据这一标准,立法似乎不属于具体社会实践意义上的法律实践。在民主的政治系统中,立法活动不属于律师,而属于政治家。这是真的,特别是在立法过程的最后阶段,此时,政府决定向议会提交议案,议会经过辩论决定接受或拒绝此议案。做出决定前的辩论(既包括在官方机构内的,也包括在公共领域内的)并不是法律论证,而主要是政治的论证。我们从中所看到的不是法律实践,而是政治实践。

然而,立法过程中包括了特定的阶段,此时律师和法律辩论成为主导。因此,法律起草包括一个规范起草阶段,在这一阶段,法律专家是主导,其所关注的是维持法律秩序的内部一致性和融贯性。在有些国家,即使是在议会程序中,也非常注重法律辩论。这些国家的议会程序中建立了通过审议控制法律案合宪性的机制。比如,芬兰议会中的宪法委员会通过宪法专家的帮助担负着这一职责。

因此,立法行为可以看成兼具政治实践和法律实践两种属性。然而,政治方面是决定性的。自韦伯开始,我们就习惯于现代法律自治性的一个主要特征。立法在法律秩序的生产中发挥的作用,以及立法作为政治实践和法律实践的结合所具有的特性,都意味着:在我们的现代社会中,我们有一个主要通道,借此法律维持着对政治的开放性。现代法律的自治性并不等同于独裁性,至少在其与政治的关系上不等同。

立法作为政治和法律的结合，意味着其合理性的标准不可能与司法裁判一样。

三、法律秩序整体结构中的立法

"立法"一词所指的不仅是某种政治—法律实践，还包括它们的终端产品，即制定法、实施细则（by-laws）以及其他各种类型的明确法律规范。现在，我们转向研究立法的这个面向，即证成这一主题：立法（在法律的规范性维度）被认为是"尚未成为法律"（法律的原始素材），而非"已经是法律"。

在这里，我们求助于另一个区分——法律的不同层次的区分，借助它，我试图阐述一种我称之为批判实证主义的法律观点。这一区分关注的是作为规范性现象的法律，即作为法律秩序的法律。① 我的基本观点就是，作为法律秩序的法律并非可以通过对其表象（即单个的制定法和法律判决等规范性现象）的观察就可以揭穿。法律涉及更深的层次，比如对法律的系统性、一致性和融贯性的讨论。这种更深的层次可以成为法律文化和法律的深层结构。

法律文化包括一般的法律概念、不同法律领域（即私法、刑法、宪法和行政法等）的一般原则。在欧洲大陆法律科学中，一般法律概念和法律原则构成了不同法律领域的一般教义。主要是法律的这一要素（即我所称的法律文化层次）使得法律秩序具有了系统性，从单个制定法和其他法律规范、单个法律判决的集合转变成为一个统一整体。反过来，这种融贯性对诸如法律安全、形式平等和正义等基础法

---

① 托里：《迈向现代法律的多层次观念》。

律原则（同时也是道德原则）的实现而言是不可或缺的前提。正是在这种转变（具有系统性而非无序的规范组合）过程中，法律发挥了裁判功能。

　　这里需要强调的是，在法律实践的不同分工中，法律浅层次原始素材的这种转变并不是通过立法完成的。立法生产了单个制定法，法律在社会中发挥其作用之前，法律还没有被解释，也没有被放置在与其他法律的系统关系之中。解释和系统化工作是其他法律实践（司法和法律科学）的任务。在不同法律文化中（即普通法国家和欧洲大陆法国家），各自所强调的分别是法院和法律科学。简单来说，在普通法国家，法院在促进和维持法律统一性方面发挥着重要作用，而法律科学的贡献微乎其微。在欧洲大陆，自从现代法律出现以来，大学的法律科学在法律秩序的系统化方面一直发挥着主要作用。这一点可以参看韦伯的研究。在他的分析中，现代法律形式理性的主要方面就是自治性。在欧洲，这种自治性主要归结于大学法律科学的系统化工作。

　　不论司法和法律科学的各自贡献是什么，考虑到法律的融贯性，对于我们的研究而言重要的是，立法常常是导致混乱而非有序的一个因素；法律的融贯性主要是通过其他法律实践而非立法来实现的。当然，我们也有通过立法实现法律的法典化的例子，比如《德国民法典》。但即便是《德国民法典》，也更多地被认为是法律科学的胜利，而不是立法者的功劳。事实上，立法者仅仅从形式上认可了19世纪以来积累的德国私法科学的成果而已。

四、法律与道德

　　法律介于政治和道德之间，正如我们从哈贝马斯那里所看到的一样。① 在与政治和道德的关系方面,法律有其具体作用:法律是一种实现集体的政治目标的媒介,也在维持道德上的社会团结方面发挥作用。现代法律是自治的法律,但它仍保持了与政治和道德的关系。如我们已经看到的,立法起到了一种通道作用,借此政治影响进入了法律之中。那么道德呢?

比如在刑法和家庭法领域,立法可以被看成是主流道德观念的直接强化。这也是哈贝马斯在讨论"作为制度的法律"时所想到的。② 但在当下社会,最为常见的是立法者被政治目标推动;他所追求的常常是政治目标。这也意味着,法律主要通过其他法律实践而非立法维系着与道德的关联。让我们仔细探究一下这是如何发生的。

根据我此前的论述,法律的系统化主要归结于司法和法律科学。法律的系统化不仅仅是理论体系的结果。理论体系过滤了法律的原始素材,并为立法者发布的各个制定法在私法、刑法、税法等领域中找到相应的位置。系统化还关注法律的规范性内容。麦考密克(Neil Mac-Cormick)以及其他学者区分了法律的一致性和融贯性。③ 法律的一致性就是法律规范之间在逻辑上不相互矛盾。法律的一致性可以用来作为解决律师都熟悉的规范冲突的标准,这也形成了法律文化不可分离的一部分,比如上位法、后法和特别法等概念。它们的主要功能就是确保法律秩序的逻辑一致性。

---

① 另见哈贝马斯:《在事实与规范之间——关于法律和民主法治国的商谈理论》(J. Habermas, *Faktizität und Geltung: Beiträge zur Diskurstheorie des Rechts und des demokratischen Rechtsstaats*, Suhrkamp Verlag, Frankfort on Main, 1992)。
② 哈贝马斯:《交往行为理论》(J. Habermas, *Theorie des kommunikativen Handelns*, Ⅱ, Suhrkamp Verlag, Frankfort on Main, 1981),第536页。
③ 麦考密克:《法律推理与法律理论》(N. MacCormick, *Legal Reasoning and Legal Theory*, Clarendon Press, Oxford, 1978),第152页及以下诸页。

如果一致性是法律作为一系列规范所具有的属性,融贯性关注的则是其原则属性:法律通过法律原则获得了融贯性。一些确保不同领域法律融贯性的法律原则已经被立法者正式确认,但绝大部分的法律原则都是通过司法和法律科学的法律实践发挥作用的。一般而言,立法者是受不同的政策导向因素驱动的。这些由不同政治派别所主张的政策导向甚至彼此矛盾。相反,司法和法律科学的解释与系统化行为主要是由法律原则主导的。这些原则明显都是道德义务,两个众所周知的典型例子就是刑法领域的罪刑法定(nulla poena sine lege)原则和民法领域的协议必须遵守(pacta sunt servanda)原则。但是,如果我们深入分析现代法律的深层规范结构,就可以发现,法律原则的道德面向和法律面向不可分割地相互交织;不妨让我们看看人权领域的基本原则。

借助法律原则,法律保持着对社会道德的开放性。如果我的分析是对的,相应地,法律原则与政治和道德的关联是在法律的不同层面上实现的,是通过不同的法律实践介入的。通过立法介入的政治因素进入了法律的较浅层次。相反,通过司法和法律科学的法律实践介入的道德因素,则主要维持着法律文化和法律的深层结构。

五、偏差:法律的自治性

通过对法律在道德和法律间定位的分析,我们将对现代法律的自治性以及德沃金有关原则与政策的讨论①产生全新的看法。以多层视角为框架分析时,法律自治性的程度从政治和法律的角度来看是不同

---

① 德沃金:《认真对待权利》(R. Dworkin, *Taking Rights Seriously*, Harvard University Press, Cambridge, Mass, 1978)。

的。法律通过立法在较浅层次是与政治密切相关的,而在较深的层次却有越来越大的自治性。在与道德相联系时,我们看到的有关法律自治性的程度却是相反的情况:在基本的规范性原则和深层结构上,法律与道德密切相关;然而,当分析单个的制定法和判决时,法律的自治性相对于道德规范而言却是提高了。凯尔森(Hans Kelsen)只能通过严格限制规范性并忽略法律文化和深层次结构来声称法律秩序和道德秩序的分离与独立。

至于政策与原则的关系,就需要提到规范性审查,即政治导向的立法需要依赖于司法和法律科学的转化行为,而这些行为的审查员就是法律原则。每一次借助道德原则的指引来解释政策导向的制定法时,这些审查员就发挥作用。

现代法律是自治的,但用1989年后有些过时的话来说,它只是一个相对自治性的问题。看似吊诡的是,在与政治的关系上,法律正是借助那些在与道德的关系上弱化其自治性的因素来主张其自治性。政策主导的立法受到法律原则的限制。而法律原则确保了法律和道德之间的开放性。

六、 立法的理性

因此,根据上述分析,作为一种社会实践的立法是政治面向和法律面向的特殊结合,重点是政治面向。作为立法实践活动的结果,立法被认为是"尚未成为法律"(法律的原始素材)而不是"已经是法律"。从"尚未成为法律"(法律的原始素材)到"已经是法律",需要通过转变过程,即司法和法律科学的解释与系统化过程。在这些过程中,道德原则发挥着主要作用,限制着通过立法所引入的政治因素的影响。

然而,什么是立法理性呢? 评价标准是什么呢? 韦伯有关理性概念多样性的洞见也适用于法律。法律的理性可以从不同维度根据不同标准来评判。因此,立法理性也可以按不同尺度而非仅仅按司法和法律科学的标准来评判。

在评判立法理性时,从三个维度区分理性可能较为理想。这三个维度就是目标理性(object rationality)、内在理性(internal rationality)和规范理性(normative rationality)。法律的目标理性是通过法律从终极意义上实现其社会功能(即促进实现集体目标和确保道德上的社会整合的能力)来评价的。内在理性与法律秩序内在的一致性和融贯性相关。法律的规范理性就是其(规范的)正当性。

在分析立法理性时,焦点可以放在单个制定法上,也可以放在整体的国家立法上。立法的目标理性特别是被法律社会学中的法律实施研究所运用的。这一研究常常关注的是单项法律改革,以及法律改革的政治目标的实现程度及其最终失败的原因。相反,有关立法膨胀、司法、社会经济系统或者生活世界的官僚化的讨论就更关注立法的整体而不是单个制定法或法律改革了。然而,这些讨论所暗含的标准就是目标理性维度。批评意见指出,立法(尤其是福利国家时代的立法)已逾越了其应有的领域,并影响了内在的自发机制(经济系统和生活世界通过这些机制维系社会团结)。

常常折磨法律实施研究的就是一种关于法律的政治目标、立法和社会影响的工具主义者视角:我所强调的干预性转变过程通常都被忽略了。这些转变过程的目标就是维持法律秩序的内在理性,即法律秩序的一致性及其道德上的融贯性。在现代社会,立法者经常是按照目标理性行动的,新的立法被看成是实现特定政治目标的手段;反过来,这些政治目标被看成立法所要实现的社会影响。

当新的立法整合到整个法律秩序的系统之中,并受到法律原则的规范性审查时,我们看到了这些因素的干预。这些因素并不是目标理性下应有的,并且影响了立法实现立法者政治目标的能力。在努力实现内在理性时,在涉及与政治和与立法者的政治目标的关系方面,法律宣称它是自治的。然而,在评估立法时,内在理性已经是一个相关维度。因此,单个制定法当然应当符合逻辑一致性的标准,立法实践在其法律性方面也应当关注整体法律秩序的内在理性,尽量避免新法与旧法之间的明显矛盾。之所以人们断言有关立法的内在理性降低了(比如芬兰),是因为这一事实:越来越多的法律起草是由其他国家机构而非司法部来完成的。而司法部是由检视法律内在理性所需要的专门知识主导的。

不论立法起草的法律性质如何,在立法中,内在理性维度总是受制于目标理性。立法者总是以目标明确的方式确保目标理性。维持内在理性的重任依旧落在法官和法律学者肩上。法官和法律学者致力于此,这也总使政治家和官僚机构失望。政治家和官僚机构认为法律的内在理性牺牲了他们的政治目标。

最后,我们还有理性的第三个维度,那就是法律的规范理性或正当性。在现代社会,从客观主义或者主观主义中提取出来的超实证主义规范标准,逐渐丧失了其可信度,正当性的标准越来越依赖于程序正义而非实质正义。在这些条件下,立法程序在保证法律的正当性上发挥着关键性作用。当立法成为法律最为主要的来源时,法律正当性的一个必要条件就是民主的立法程序,在这一程序中,官方机构之间的审议过程被生活世界中的讨论所包围。

然而,仍需要强调的是,立法程序的民主性并不能满足法律的正当性需求。考虑到司法和法律科学等其他法律实践对于法律秩序的生产和再生产的重要性,它们的程序条件也必须满足正当性的具体要求。具体要求有哪些,是法律理论和法哲学的一个重要主题。然而,讨论这个问题将超出本文的主题。

与其他法律实践及其后果相比,立法看起来有一种理性特征——这个维度是司法和法律科学所没有的。内在理性和规范理性与评估司法和法律科学的关系甚密。因此,融贯性和适当性——龚瑟尔(Klaus Günther)将其界定为司法的有效性标准[①]——就相应地可以被认为是内在理性和规范理性的具体要求。相反,关注法律和社会相互关系的目标理性则与这些法律实践没有直接关系。这种观点看起来是正确的,尽管司法和法律科学领域的后果论自19世纪后半期开始不断传播。一般而言,法官视角主导的司法和法律科学的论证常常忽视立法中的目标理性。如果一般性的司法也能以目标理性来分析,其要实现的目标也是法律内部的目标,即法律的实现。

目标理性的重要性反映了立法实践中主导的政治面向,即立法被政治决定决策者当作实现政治目标的手段。从这个视角分析,其成败则是由目标理性来评价的。正是沿着这一维度,立法法理学(即立法者视角的法律理论)抵达了其边界。

目标理性甚至受到那些被视为是法律的内在因素的影响,比如说与内在理性相关的因素的影响。然而,基本可以划分为经验的或描述的社会学和行为科学,以及主流的规范法律科学。在这种区分下,立法目标理性条件的具体化以及在特定情形下如何满足这些条件,都属于前者的研究范畴。确实,在完成这些任务时,社会学和行为科学也需要求助于法律科学。然而,我倾向于在这种联系中主张一种反帝国主义:我反对法律科学帝国主义试图占领有关立法目标理性研究的新领地。

[①] 特别是见龚瑟尔:《论适当性》(K. Günther, *Der Sinn für Angemessenheit*, Suhrkamp, Frankfort on Main, 1988).

立法法理学与欧盟法：探寻欧洲立法的原则

维霍文(Amaryllis Verhoeven)

一、引　言[*]

多年来,欧盟的机构和政治家对欧盟立法质量问题越来越感兴趣,希望好的立法能提高欧盟的透明度和亲民度,同时也有助于减少人们认为的"民主赤字"。[①] 本文要讨论的就是如何提升欧盟立法。本文不是从法律视角切入问题,更为关注的是欧盟立法程序应遵守的一般性原则和要求。

第一部分简要描述了欧盟的立法过程。尽管在欧盟立法中议会的参与历年来逐渐增多,欧盟立法的条件相对于享有主权的议会制定不可侵犯的法律的条件而言还是大不相同的。欧盟立法是一个分散而冗长的程序,涉及太多的参与者和程序,且受到执法法官的一系列限制。

第二部分试图构建一个能够解释欧洲立法程序的理论模式,并以

---

[*] 本文完成于 2000 年 1 月,没有考虑到最近发生的实时的事件。
[①] 参见关于立法起草质量的第 39 号声明,1997 年 10 月 2 日签订的《阿姆斯特丹条约》(Treaty of Amsterdam)最终版的附件。《阿姆斯特丹条约》修改了欧盟建立的基础条约,包括《欧洲联盟条约》(Treaty on European Union,以下简称 TEU)和《建立欧洲共同体的条约》(Treaty Establishing the European Community,以下简称 EC)。另见欧盟委员会题为《更好的立法》["Better Lawmaking 1998",COM(1998)715 最终版]的报告。

民主理论来证成它。当下理论界有三种不同的模式(监管模式、政府间模式和议会模式),我认为,没有一种模式是完全合适的。我建议借用哈贝马斯提出的民主程序/审议模式。欧盟立法可以看成是一个在分歧情况下的民主意志形成过程。宪法限制是为确保程序的民主性,从而保障其结果的正当性。

二、欧洲立法:一个非传统的体系

(一)谁在欧盟立法?

与按照议会立法模式的国家法律体系不同,没有一个概念或者理论框架能够支撑欧盟立法。欧盟立法的条件在理论上是空白的——更像是一个概念"巴别塔",欧盟层次上各种不同立法模式相互竞争。

从教科书的描述出发,很难把握在欧盟体制下谁是立法者,以及在欧盟法当中哪些规范属于立法行为。有关欧盟立法的一个核心条款,《建立欧洲共同体条约》(EC)第249条规定:①

(i)为了完成其使命,根据本条约关于欧洲议会与欧洲理事会共同行动的规定,欧洲理事会与欧盟委员会应当共同制定条例,发布指令,做出决定,公布建议和意见。

这里值得注意以下几点。首先,这个条文中没有(包括欧盟条约的

---

① 本文全文所用的条文序号为《阿姆斯特丹条约》的序号。

其他地方几乎也都是如此)任何有关立法者或者立法的解释。① 欧洲的机构可能提出丰富的标准:条约规定包括条例、指令、决定、建议和意见,但在实践中可能还包括使用其他手段(比如决议、声明、机构间协议)。然而重要的是,欧盟的机构没法适用一种严格意义上的"法律"或者"制定法",尽管很多手段(特别是条例和指令)都具有约束力。

此外,国家的法律体系将立法权授予议会(或者如英国那样称为"君临议会",由于常常需要某种与行政机关合作的形式),而在欧盟没有单一的立法机关。立法行为主要分散在三个机构(欧洲理事会、欧盟委员会和欧洲议会)。② 甚至,也没有统一的立法程序。采用什么程序取决于立法手段要解决的问题。与国家立法不同,欧盟机构仅仅享有条约所授予的权力。它们仅能在条约所允许的特定领域活动。条约的条款(即所谓的法律基础)不仅规定了立法手段的对象和性质,还规定了立法程序要求及相应立法机构的资质。

欧洲理事会(一个由各国代表组成的政府间机构)按照一致同意或者绝大多数同意的原则通过法律,如今绝大部分法律都是其与欧洲议会共同制定的。欧洲议会介入立法相对而言是新近的事情(这也是条约修订的结果,目的在于弥补民主匮乏的问题),而且没有统一的一般形式。欧洲议会的立法权范围从一种单一权力变成一种依照共同决策程序的合作立法权。

欧盟委员会(一个由会员国委派的代表组成的公务员机构,也需要欧洲议会的认可)对立法享有排他的提案权。没有欧盟委员会的动议是不能立法的。从规定上而言,欧盟委员会本身没有制定法律

---

① 然而,自《阿姆斯特丹条约》后,EC 第 207 条规定的是理事会的"立法权"。
② 另外,经济和社会委员会(Economic and Social Committee)和地区委员会(Committee of Regions)都有某种顾问作用。

的权力,但在实践中,在执法方面基于欧洲理事会的授权,它则拥有广泛的权力。在由各国代表组成的各种委员会中,常常进行各种委托立法。

在描述欧洲立法时一个更为复杂的情况就是,事实上在欧盟层面是没有所谓的三权分立或权力划分的。然而,可以在立法行为和执法行为之间做出划分,尽管这些行为并非明确地由相互独立的机构承担。一般而言,欧盟委员会承担执法权(即实施其他欧洲机构制定的法律),而成员国需要确保欧盟的规则在本国领域内得到正确实施。①

欧洲立法的分散程序是由欧洲宪法所规定的原则和规则确保得以条理化和理性化的。这些宪法没有正式的文本形式,而有由不同来源的各种规范组成的更为灵活的方式。这些来源包括《欧洲条约》(European Treaties)、具有基本法性质的规范(比如有关欧洲议会选举的法律)以及法官确立的大量规则和原则。欧洲法院(即欧洲宪法法院和初审法院)有权制裁违背这些宪法原则的行为。

(二) 欧盟立法的宪法限制

国家立法权的范围通常是广泛的。当然,它们受到基本人权、正当程序等宪法原则的限制。然而,在大陆法系的法律思维中,立法机关在传统上被认为比法官更能胜任判断法律是否违反宪法的职责。② 相反,国家的行政管理程序则受到一系列限制,并且需要接受司法审查。国家行政机关必须遵守一些法律原则(即"法无规定不可为")以及"良好

---

① 雷纳茨:《规制规章制定程序:欧洲共同体中的"权力分立"》(K. Lenaerts, "Regulating the Regulatory Process:'Delegation of Powers' in the European Community", *EL Rev*, Vol. 24, 1993)。

② 相反,在马布里诉麦迪逊(Marbury v. Madison)一案中,美国最高法院判决认为,判断宪法的含义是法官的任务(5 US 137)。

且适当的行政诸原则"。

与国家立法不同,欧盟立法受到相对严格的宪法限制,包括涉及下列因素的限制:(1)资质(欧盟机构是否能够做);(2)内容(它们所追求的目标、价值,以及它们所尊重和促进的权利);(3)程序(各机构应当遵守何种程序)。① 所有这些限制都需要接受司法审查。此外,这些宪法限制原则上都适用于立法和行政行为——如上所述,在欧盟内部,法律制定和行政规则制定之间并无明显界限。

1. 有关立法资质的原则

欧盟机构仅享有有限的权力:它们仅在有适当"法律基础"(legal basis)授权时才可以行动。然而,在过去的几年里,它们的权力得到相当大的扩张。有学者注意到,"成员国没有核心的主权权力可以对抗共同体"②。为平衡不断增长的欧盟立法,《建立欧洲共同体条约》引入了辅助性原则(principle of subsidiarity)。③ 根据这一原则,当且仅当成员国无法实现某一目标,且这一目标由共同体采取行动会更好实现时,共同体才可以采取行动。

辅助性是一个重要概念。它在两方面发挥作用:它允许共同体(在权限范围内)在需要的情境下扩张权力;相反,也要求其在已不再正当时限缩或者终止权力。④ 辅助性原则是一个能够在庞大复杂社会中平

---

① 详见谢默思、维尔布鲁克:《欧洲共同体中的司法保护》(H. Schermers and M. Waelbroeck, *Judicial Protection in the European Community*, Kluwer, The Hague, 1991);提麦曼斯:《如何提高共同体立法的质量》(C. Timmermans, "How Can One Improve the Quality of Community Legislation?", *CML Rev*, 1997),第1229页。
② 雷纳茨:《宪政主义与联邦制的多个面向》(K. Lenaerts, "Constitutionalism and the Many Faces of Federalism", *Am J Comp L*, 1990),第220页。
③ EC第5条。
④ 见《关于适用辅助和比例原则的议定书》(Protocol on the Application of the Principles of Subsidiarity and Proportionality),《阿姆斯特丹条约》之附件。

衡效率和民主的灵活机制。重要的是,辅助性原则不仅仅可以被看成一个平衡欧盟机构与成员国之间的分权原则,这扎根于天主教的社会理论。该原则还有另一层含义,①即根据这一原则,规则制定应当限制在尽可能小的范围以免影响社会的自由发展。这层意义上的辅助性原则寻求立法的替代机制,比如自我规制。② 这也将辅助性原则与比例性原则连接起来。

比例性原则要求共同体的行动不能超出实现条约目标所需。成员国在《阿姆斯特丹条约》中一致同意,比例性原则就是:

> 共同体行为的方式应当尽可能简单,应当有助于目标的实现并能得到有效实施。共同体仅在必要时立法。指令应当优先于条例,框架性指令优先于具体指令……考虑到共同体行动的性质和内容,共同体的措施应当为成员国决策预留尽可能大的空间。③

尽管面临司法审查,法院迄今为止都相当尊重辅助性原则和比例性原则。法院不会冒险在是否需要以及在多大范围立法的问题上对政治机构的决策进行二次评价。然而,法院要求欧盟机构陈述它是如何满足辅助性原则和比例性原则的理由的,并对这些理由进行(最低程度的)合理性评价。④

---

① 见《教皇皮乌斯的通谕信之"四十一年"》(The Encyclical Letter of Pope Pius XI Entitled "Quadragesimo Anno")。
② 在社会领域,《欧洲条约》允许成员国之间签署协议,经理事会批准后成为法律。
③ 《关于适用辅助和比例原则的议定书》,第6点。
④ 见 Case C‑84/94, United Kingdom v. Council, 1996 ECR I‑5755(Working Time Directive) and Case C‑359/92, Germany v. Council, 1994 ECR I‑3698.

2. 有关立法内容的原则

（1）目标

欧盟机构的行为不仅受到条约规定的权力范围限制，还受到"条约设定的目标"的限制。① 与国家立法者（一般而言，他们可以随心所欲地立法，或者至少享有相当大的理性范围）不同，欧盟机构受条约所设定的具体目标的限制。

《欧洲条约》首先界定了其任务和目标。这包括社会经济目标（比如经济增长、减少失业）、政治目标（比如在国际舞台上保持一致）以及主导性价值目标（比如男女平等）。② 进而，条约特定条款的具体目标授权共同体可以在特定领域采取行动。因此，欧盟机构要求有助于提高消费者保护水平，③制定有具体目标（如保护和提高环境质量，保护人类健康，提高自然资源利用率以及国际合作④）的环境保护政策。

在这方面，条约中有关文化的条款特别有趣。《建立欧洲共同体条约》第151条呼吁欧盟机构在文化方面采取统一行动。这些行动应当"有助于成员国文化百花齐放，要尊重民族和地域多样性，同时推动共同的文化遗产"。然而，共同体采取文化领域之外的行动时也要考虑文化因素：《建立欧洲共同体条约》第151条第4段要求共同体在采取一般性政策时"考虑文化因素"，"特别要有助于尊重和促进文化多样性"。这一条款的目标在于减少对"欧洲大熔炉"（特殊身份在里面将被一种盲目的统一市场意识形态所牺牲）的担忧。第151条第4段为共同体施加了尊重成员国民族身份的一般性义务。⑤

---

① EC 第5条。
② EC 第2/3条；TEU 第2条。
③ EC 第153条。
④ EC 第174条。
⑤ TEU 第7条第3段。

一般而言,法院将审查欧盟机构是否尊重各条约所设定的目标和政策。然而,这种审查在实践中仍很宽松,因为法院为欧盟的政治机构就如何实现各条约目标留下了相当大的自由裁量空间。对于不同政策目标是否受到威胁,以及如何调和与平衡彼此,政治机构则有更大的自由裁量权。①

(2)"良好且恰当的立法"原则

多年来,法院(在各条约的基础上)发展出一系列有关良好而恰当的立法的原则。这些原则包括比例性原则(如上所述)、说明理由原则、法律确定性原则以及做出知情选择的义务等。

根据《建立欧洲共同体条约》第253条,各种共同体的行为都必须陈述其理由。这一义务既适用于立法行为,也适用于执法行为(在一个国家层面通常仅行政行为必须遵守此义务)。法院判决认定,说明理由的义务是一项必需的要求,且没有充分的理由将导致行为无效。说明理由的义务是立法控制的一个强大工具。法院是这么论证这一义务的:

> 通过(向欧盟机构)施加对其决定说明理由的义务,第253条不是仅仅考虑形式因素,而是要为各方捍卫其权利提供机会,为法院实施其监督职能,为成员国……确信在这些情境下(欧盟机构)遵守了《建立欧洲共同体条约》。②

此前欧盟机构曾向法院主张:共同体机构对有较大自由裁量权事

---

① 如参见 Case C‑37/83, Rewe, 1984 ECR 1229; C‑233/94 Germany v Council, 1997 ECR 205。

② Case 24/62 Germany v. Commission, 1963 ECR 69.

项做出决策时可以不用充分说理(与此类比,即在一个国家层面立法机关没有说明理由的义务)。然而,法院不接受此种观点。相反,法院认为欧盟机构必须认真对其所采取的措施进行论证,尤其是在它们对做出决策享有较大自由裁量权的时候。①

法律确定性原则不仅包括不相互矛盾原则和尊重正当性预期原则,还包括满足立法起草和提案特定标准的要求。例如,在几个案例中,在欧盟的有关财政负担的立法中,因所规定的条件和负担水平过于模糊而难以理解,法院就介入了。② 在另一个案例中,法院认为在此情形下"法律的明确性"要求是必需的,即任何不明确将导致特定惩罚适用的偶然性。③ 如上文所讨论的,在共同体机构层面提出了各种提议以提升欧盟立法质量。

最后,欧盟机构还有一种义务,即确保其决策是在获得全面事实和意见的基础上做出的。在环境政策方面,这一义务是在《建立欧洲共同体条约》中写明的。因此,《建立欧洲共同体条约》明确要求,在涉及环境领域的立法时,需考虑可获得的科学和技术数据、采取行动或不采取行动的潜在利益和成本等。④ 一般而言,法院要求欧盟机构在审慎和经验判断基础上做出决策。⑤

在知情选择基础上决策的义务是与透明度和直接民主相关的问题。如前所述,欧盟委员会专享立法提案权。在起草议案时,欧盟委员

---

① 如参见 Case 17/74 Transocean Marine Paint, 1974 ECR 1080, Consideration 16。
② Case 137/85 Maizena v. Balm, 1987 ECR 4603; Case T‐172/89, Vandemoortele, 1990 ECR Ⅰ‐4690.
③ Case 32/79 Commission v. United Kingdom, 1980 ECR 2445, Consideration 46.
④ EC 第 74 条第 3 段。
⑤ Case C‐269/90, Hauptzollamt München-Mitte v. Technische Universität München, 1991 ECR Ⅰ‐5495;另见 Case C‐212/91, Angelopharm v. Freie und Hansestadt Hamburg, 1994 ECR Ⅰ‐200。

会越来越多地使用各种提高开放性和参与度的技术。比如,印发有关讨论和咨询的文件(被称为绿皮书和白皮书)以利于利益相关方参与讨论。通过互联网公开立法提案也是要达到这个目的。另外,欧盟委员会经常与利益集团展开对话。① 这些互动设计目的在于促进更好的法律制定(也提高了知情选择的可能性),同样也有助于提高欧盟规则的社会可接受性(因此也更具正当性)。

在此情境下,值得注意的是,所有良好且恰当的立法原则都适用于立法行为和执法行为,法院在实践中则是以不同的方式适用的。对理事会行为的审查有很大不同,而对委员会行为的审查则更为严格。② 这种区别可以从两方面事实得到解释:一方面,欧盟委员会的民主责任被认为要低于欧洲理事会的民主责任;另一方面,欧洲理事会主要是处理立法类行为,而欧盟委员会则经常处理更少政治性的技术性事务。

(3) 基本价值

随着经济一体化向政治一体化的不断扩张,原则和价值不断与政策目标一道限制着欧盟的立法。《欧洲联盟条约》(TEU)规定:

> 欧盟是建立在自由、民主、尊重人权和基本自由、法治以及成员国共识的各原则基础上的。③

在很大程度上,这一规定宣示了根据这些原则对欧盟行为进行司法审查的长期实践。特别是,有一系列有关欧盟机构尊重基本权利和

---

① 欧盟委员会有一个利益集团的目录,包括大概600个组织。
② 比较法院在 Case C‑331/88, Fedesa and others, 1990 ECR Ⅰ‑(4023)4063 和 Technische Universität München(上页脚注⑤)两个案件中的不同观点。
③ TEU 第7条第1段。

自由的案例。然而,由于时间和篇幅所限,就不再深入讨论了。

3. 程序原则

如上所述,欧盟的各种行为的法律基础决定了哪个机构应当按照什么程序(比如多数投票)来采取行动。因此,法律基础的选择具有重要的制度性后果。欧盟法院审查的就是法律制定的程序是否遵守各条约规定的流程,对民主是否受到威胁保持相当的警惕。

欧洲议会在欧洲层面做出决策仍旧是一个相当新的现象。然而,欧盟法院在很多案例中对欧洲议会的立法持支持态度。它通过废止不尊重欧洲议会特权的其他机构(特别是理事会)行为的方式来捍卫欧洲议会的这一特权。通过这么做,法院将民主作为欧洲法律秩序建立的一项基本原则。① 此外,欧洲法院赋予欧洲议会一种在法院捍卫其特权的权利。②

对各机构是否尊重民主原则的审查还发生在议会之外。比如,欧洲中小企业联合会主张:由社会各方达成的社会政策协议,只有在社会各方充分代表了劳方和资方的情形下,才可以转化为欧洲的法律。③

三、探寻一种概念模式

(一) 三种彼此竞争的立法模式

上面我们试图勾勒出欧盟立法的独特性质。这里我们关注的是,

---

① Case 138/79, SA Roquette Frères v. Raad (Isoglucose), 1980 ECR 3333.
② Case C-70/88, Parlement v. Raad, 1990 ECR I-2041.《欧洲共同体条约》(The EC Treaty)从此被修订了。
③ Case T-135/96, UEAPME v. Council, 1998 ECR II-C335.

如何对这一程序加以概念化,并且更为重要的是如何以民主的术语加以证成。长期以来,人们提出了各种概念模式。我将它们予以分类,分为监管模式、政府间模式和议会模式。① 每一种模式都有其描述性要素(用来解释欧洲立法是什么以及如何运作)和规范性要素(试图以民主的术语证成欧洲立法)。这些模式的范围不仅包括有限的欧洲立法,还包括欧洲自身整合的本质。每种模式都有基于民主正当性特定理念的欧洲整合的不同(宪政)蓝图。② 尽管在欧盟历史进程中,这些模式有不同影响,各种模式在今天仍各有人主张。我认为,没有任何一种模式能够充分地解释或正当化欧盟立法。

第一种被称为监管模式,即将欧盟看成是一个有特定目的的组织或机构,其目的在于解决一系列特定问题,因为在解决这些问题上,这一组织或机构比单个国家行动更有效率。③ 根据这一观点,欧洲联合的主要目标是经济的而非政治的。欧洲机构的任务不在于就广泛的政治事务制定规范,而在于就社会—经济问题出台规制方案。在这一模式下,欧盟的立法受到范围和手段性质的双重限制。这是一种解决问题

---

① 另见卡珀拉索:《欧盟与国家的形式:威斯特伐利亚,规制与后现代?》(J. Caporaso,"The European Union and Forms of State: Westphalian, Regulatory or Post-modern?", *JCMS*, 1996),第29页及以下诸页;德浩思:《阿姆斯特丹之后的欧洲制度架构:议会制抑或监管制架构?》(R. Dehousse, "European Institutional Architecture after Amsterdam: Parliamentary System or Regulatory Structure?", *CML Rev*, 1998),第595页;马久勒:《欧洲民主赤字:标准问题》(G. Majone, "Europe's Democratic Deficit: The Question of Standards", *ELJ*, 1998),第5页及以下诸页。

② "宪政"一词在这里加上了括号,因为宪法被一些学者认为仅与民族国家的宪法相联系(如 D. Grim, "Does Europe Need a Constitution?", *Eur LJ*, 1995, p. 28)。因此,欧洲宪法的说法在他们看来是要暗示推动建立一个欧洲国家。

③ 见马久勒:《从积极国家到管制国家:管制模式的原因及后果》(G. Majone, "From the Positive to the Regulatory State: Causes and Consequences in the Mode of Governance", *Journal of Public Policy*, 1997),第139页及以下诸页;麦高文、华莱士:《迈向欧洲监管国家》(R. McGowan and W. Wallace, "Towards a European Regulatory State", *JEPP*, 1996),第560页及以下诸页。

的形式,并且寻求以专业化为基础获得自身的正当化。典型的就是,这一模式避免使用"法律制定"(law-making)这一术语,而代之以使用"规则制定"(rule-making)这种说法。

第二种模式强调欧洲结合和立法上的政府间特征。这种观点将欧盟看成是一个国际组织(尽管结合得相当紧密),并且强调民族国家及政府是欧盟政坛上的主要角色。根据这种观点,欧盟的规则制定在本质上是"政治的"而非"立法的":"政治的"在这里用来指权力的政治性和外交性,而不是指追求公共利益。①

我认为,监管模式和政府间模式在两方面存在缺陷。首先,监管模式和政府间模式未能考虑到欧盟的真实政治属性(注意,此处我并不是在外交意义上使用"政治"一词,而是指欧盟为欧洲市民的政治共同体设定规范)。监管模式和政府间模式都是还原论者,原因在于它们倾向于仅仅关注规则制定的一个类型,即第一种关注的是欧盟委员会及委员们的技术的、解决问题的规制,另一种关注的是欧洲理事会中的国际外交讨价还价模式。

欧洲立法远超出了技术的和解决问题的范畴。今天欧洲的法律制定在内容、范围和影响上已经与国家立法没有太大区别了。欧洲立法介入了很多领域,而且经常涉及诸多政治难题。同时,欧盟的规则制定已不再是外交谈判的模式了。自1987年以来,欧洲理事会在很多事项中都是在多数决基础上做出决定的(这意味着单一的成员国即便不同

---

① 例如,见穆拉维斯科:《欧洲共同体中的偏好与权力:一种自由的政府间模式》(A. Moravcsik, "Preferences and Power in the European Community: A Liberal Intergovernmentalist Approach", in S. Bulmer and A. Scott eds., *Economic and Political Integration in Europe: Internal Dynamics and Global Context*, Blackwell, Oxford, 1994),第29—80页;华莱士:《作为联邦的欧洲:社区与民族国家》(W. Wallace, "Europe as a Confederation: The Community and the Nation-state", *JCMS*, 1983),第57—68页。

意提案,也将受到约束)。此外,欧洲议会拥有广泛的"共同决策权",即能与理事会共同采取立法措施。

第二方面原因与第一方面原因相关。因为管制模式和政府间模式已经不再能够描述欧洲层次上的规则制定过程,它们对民主正当性的论证是不充分的。监管模式力图强调这一程序在技术上和解决问题方面的特征,这样可以避免讨论民主问题。在做出不涉及政治的纯技术选择的情况下,可以将规则制定任务委托给由特定专家组成的非选举代理机构。然而,一旦离开严格限定的技术性市场规制领域,委托制定的形式很难说得上是民主的。实际上,欧盟规则对现实生活的各方面都有政策影响——因此,这些政策选择应当由民选(或者至少得由代议制)机构做出。在政府间模式中,欧洲一体化和欧盟机构的民主正当性来自成员国的民主正当性。国家议会被设定为能够控制它们在欧盟的国家代表,尽管这种控制在实际上是微乎其微的,而且也不能影响欧洲层面的政策出台。

第三种是议会模式,可能是当今最为流行的模式。这一模式避免了另外两种模式的缺陷。它将欧盟看成是一个政治实体,一个迈向真实政治共同体的渐进过程,并且认为欧盟立法是这一过程所必需的。这一模式关注的是如何确保欧洲立法的民主性。很多议会模式的倡导者认为,弥补欧盟民主不足的最好方式就是在欧盟层面复制国内议会民主。因此,他们认为,欧洲议会应当拥有更强的立法功能以及更好的手段和更大的权力来控制欧盟委员会及各种委员会立法的实施。①

在欧洲层面实现议会制的追求并不新鲜,并且已经导致重大且非

---

① 见欧洲议会有关民主赤字的解决方案(the resolution of the European Parliament on the democratic deficit in the EC of 17 June 1988, OJ 1988, No. C 187/229)。

常有益的改革。上文提到过,欧洲议会和欧洲理事会已经多次采取类似于两院制的立法模式来共同制定法律。此外,欧洲议会对欧洲理事会的控制也得到了加强。尽管如此,立法的议会模式在欧洲背景下仍有局限。按照国家模式来精简欧洲的立法过程并不必然会增强欧盟法律的民主正当性,同样也不会必然导致更好的立法。下面所列的姑且可视为其原因。

首先,不论我们对议会模式有多熟悉,它已经不再那么有吸引力了。我们不难看到,在国家层面,议会已经失去了昔日的魅力和权力。国家层面的法律和条例也越来越多地通过其他渠道制定("特殊权力"立法就是一个例子)。

其次,欧洲议会不可能像国家议会那样发挥中心作用。首先就是规模问题。由于欧盟的扩张,欧洲议会的议员在不断增加。最近,欧洲议会规定议员上限是 700 人,[①]但这个数字既太多又太少。一方面太多了以至于无法实现对公共利益的有效沟通。如麦迪逊(James Madison)已经指出的那样,议会的议员越多,就会有更多的情感超越理性。另一方面又太少了以至于没有真正的代表性。目前,芬兰选出的议员仅有 16 人;也就是说,芬兰选出的议员仅仅为欧洲议会的 2%。如果这一上限在下一届得到维持,芬兰的议员数量将会减少。

此外,在传统的民主理论中,[②]议会被认为是国家的代表,是一个设想出来的人民的拟制机构。然而,从来就不存在一个欧洲国——如果欧洲形成了一个真正的政治共同体,这个共同体的特征就是多样性和多元主义。更为重要的是,欧洲议会无法代表欧洲人民,最多只是"组

---

① EC 第 189 条。
② 这一谱系从卢梭到西耶斯(Sieyès)(他在相当程度上"重读"了卢梭)。

成共同体的各国人民的代表"。①

最后也是最根本的就是,传统的议会制受到一种主权思想的约束。在传统思想中,主权被认为是授予以议会为代表的国家。议会立法被认为是至高无上的,这种至高无上的权力是被自然法或者唯意志论所证成的。法律的不可侵犯性源自这种思想:由于立法者是至高无上的,法律必须被实施且不能被司法机关批评。进一步地,立法机关被认为控制着包括执法机关在内的其他国家机关。

尽管欧洲议会和理事会一道产生出超越国家法(甚至超越国家宪法)的立法类规范,②这不能(也不是)说它就代表一种欧洲"主权"。根本就不存在一个欧洲"政治实体"——如传统观点所认为的那样由一国人民所组成的国家实体。然而,成员国根据《欧洲条约》授予欧盟机构行使某种主权性质的权力,但各国仍保留着原始主权权力,因此被认为从法律的根本来源上(不论是在欧盟层面还是在本国层面)仍享有主权。③ 重要的是,建立欧洲联盟的宪法基础④的《欧洲条约》必须经成员国一致同意才能实施和修改。⑤

缺乏主权是欧盟立法与国家立法之间存在上述区别的原因。与主权国家的类似机关相比,欧盟的立法机关只有很小的提案权和自由裁量权。如前文所讨论的,它们受到诸如资质、内容和程序等限制,并且需要就是否遵守这些限制接受司法审查。显然,传统的以议会民主国家为基础发展出来的立法理论,难以解释这些对立法的限制和司法审

---

① EC 第 189 条。
② Case 11/70, Internationale Handelsgesellschaft, 1970 ECR 1125.
③ 下文我将根据哈贝马斯的著作对传统主权概念提出批评。
④ Case 294/83, Les Verts v. European Parliament, 1986 ECR 1339.
⑤ TEU 第 48 条。

查。事实上,对立法的司法审查一直是颇受质疑的。当然,自由主义思想家主张法院有义务捍卫个人权利免遭国家议会多数人暴政的侵犯。而欧盟的司法审查则不在于(主要也不是)保护个人权利,而是控制欧洲机关以适当的和民主的方式行使其被授予的权力。

例如,有关目标的限制就反映了欧盟并没有被授予原始权力这一事实。成员国授予欧盟机构限定好的、精心确定的权力,以完成欧盟整合所要实现的特定任务和目标。授予欧盟机构的权力被描述为"实现其目标和实施其政策所必需的手段"①。

另一方面,也可以说欧盟的法律制定在本质上不是立法性的,而是"行政性的",因此,应当按照国家行政决策模式来分析和建构它。需要承认的是,对欧盟立法者的限制更像是对一国行政机关的限制(法律基础、说明理由的义务等)。同样,对欧洲立法的司法审查所遵循的也是国内行政司法审查的模式。比如,欧盟的法律规范可以基于和法国行政法非常相似的理由而被宣布无效。② 缺乏立法和行政行为之间的明显界限,也指向了同一个方向。

然而,根据上述发现就认为欧盟立法程序是纯"行政性的",这只对了一半。对是因为欧盟立法者和国家行政机关一样没有原始主权权力;而错就错在,这会导致我们忽视欧盟立法程序的政治本质(如管制模式那样)。在有限权力内,以及《欧盟条约》所设定的目标下,欧洲立法者确实要做出重大的政治选择。欧盟法院也确实考虑了立法过程的政治属性,在审查《欧盟条约》所设定的目标是否得到实现时,法院表现

---

① 第7条第4段。
② 即缺乏资质、违反必要的程序要求、违反欧盟法和滥用权力(EC 第 230 条)。参见朗格朗日:《欧洲共同体法院:从舒曼计划到欧盟》(M. Lagrange, "La Cour de Justice des Communautés européennes: du Plan Schuman à l'Union ruropéenne", *Rev trim dr eur*, 1978),第2页及以下诸页。

出极大的尊重。对欧盟立法进行司法审查的本质不是看欧盟机构是否在权限框架内活动,而是判断政治选择是否以一种真正的民主形式做出,并考虑到欧盟的去中心化本质以及诉诸欧盟成员国的原始权力。

(二) 立法的欧洲模式:超越议会主权

欧盟立法的条件就是无主权的法律制定。它受到一系列由法院执行的宪法要求的严格约束。不存在一个依稀可见的欧洲国实体或主体,这一事实既是一种麻烦,又是一种解脱。说是麻烦就在于,乍一看难以在欧盟中找到民主的位置;说是解脱就在于,这使得立法从传统议会制的单一实体中解脱出来。从这个角度看,欧盟可能会为民主理论和实践提供难得的机会。

我认为,不必借助议会模式,欧盟立法可以根据哈贝马斯提出的程序或审议民主得到更好的解释。哈贝马斯主张一种程序主义的民主概念。他的理论关注的不是国家(政治社会)、机关(议会)或者权利,而是一种审议和决策的理想程序。①

程序或者审议模式看起来最适合解释欧洲的规范产生。同时,它还有规范性影响——为检测、评价和提高欧洲立法提供了视角。首先,根据程序的民主观念,民主不再预设有一个或多或少和谐统一的国家的存在。正是沟通行为被寄希望成为政治社会(沟通行为在里面产生)的基础,成为规制社会的各种规则的规范性基础。

其次,为确保民主,立法不再需要集中于一个议会实体(被认为代

---

① 特别是参见哈贝马斯:《在事实与规范之间》(J. Habermas, *Between Facts and Norms*, Polity Press, New York, 1997)。哈贝马斯的政治理论的基础是他早年在《交往行为理论》(*The Theory of Communicative Action*, Beacon Press, Boston, 1984) 一书中提出的交往行为理论。

表国家)。程序民主允许决策的去中心化,重要的是既包括正式的(机关的),也包括非正式的:

> 相反,商谈理论发挥作用的是,在议会和非正式的政治公共领域中主体间高水平的沟通过程。在议会里里外外,这些沟通的无主体形式构成了理性观点和意志形成的竞技场。①

审议民主既更多也更少依赖传统议会民主。少是因为不再需要"国家"(即一系列的主流文化、历史的、纽带等);多是因为审议民主需要一个真正参与公共领域辩论的积极的市民社会。

从程序/审议模式看,欧盟层面的规则制定方面的分散、凌乱的图景也不再暗淡。这种所谓的"机构平衡"(即欧盟机构之间的互动平衡)可以被解释成一种包容组成欧盟社会的不同选民彼此辩论的机制。欧盟法律对决策过程的限制可以被解释为一种宪法机制,这一机制鼓励立法过程的不同参与者将他们的偏好看成是可以公开讨论和替代的选择,而不是死板的信条。比如,欧盟委员会排他性的立法提案权(这与立法的议会模式是相矛盾)就可以从这个视角来分析。由独立专家组成的欧盟委员会按理说是欧盟整体利益的最佳代言人,因此,它保留了安排议程的权力。② 一般来说,对于成员国和欧洲有高度共识的事项,以及"技术性"事项,则交由自治程度相对较高的机构(委员会、代

---

① 哈贝马斯:《民主的三种规范模式》(J. Habermas, "Three Normative Models of Democracy", in S. Benhabib ed., *Democracy and Difference*, Princeton University Press, Princeton, 1996),第28页。

② 克雷格:《欧洲共同体条约中的民主与规则制定:一种经验的和规范的评估》(P. Craig, "Democracy and Rule-making within the EC: An Empirical and Normative Assessment", *ELJ*, 1997),第105—130页。

表)通过相对快的、高效的程序做出决策。然而,更"敏感的"事项则需要更多机构参与者(理事会、欧洲议会)通过必然更低效率的程序来做出。

再次,哈贝马斯的理论让我们重新思考传统的主权概念。人民主权不再被认为是特定人口(一个国家)的一个属性。与赋予一个集体不同,人民主权通过一种主体间的形式重新得到阐释。人民主权停止了与单个人的联系,而是被程序化了:

> 自组织的法律共同体中的自我消失在沟通的无主体形式中,这种沟通形式是这样规制着审议过程的:审议易出错,故而愿意受理性的预设。人民主权退回到民主程序中,法律实施对沟通的预设,目的在于使它们形成通过沟通产生的权力。严格而言,这种沟通权力源于法律上建制化的意志形成过程与组成社会的公众之间的互动。①

最后,程序/审议模式允许我们以一种新的视角看待欧洲"宪法"(如上所述,不是一个正式的文本,而是一系列关于程序和权利的基本规则)。从审议的观点看,宪法不是第二位的。民主的过程不是一个自发的行为,而是制度化的行为。民主是规则的结果。这些规则的设计是为在解决公共生活问题上实现民主过程价值的最大化。

由于这些宪法规则是民主过程的先决条件,所有公共领域的行为都必须被遵守。因此,民主的程序—审议概念需要根据宪法的这些要求对规则制定行为进行某种形式的司法审查。然而,与自由主义的观

---

① 哈贝马斯:《民主的三种规范模式》,第29页。

点相反,司法审查的目的不是保护个人权利(这些权利在一定程度上属于民主过程之外的领域)。其目的毋宁是,确保那些实现民主讨论与决策的规则和条件得到应有的尊重。① 上文提到的有关对欧盟立法者约束的资格、内容和程序的限制也可以从这个角度分析。

常常讨论的是,以此宪法视角论证欧盟宪法和司法审查的民主正当性的基础是不扎实的。然而,只有从传统国家的宪法和宪政(即将欧洲宪法看成是人民意志的最高表达)视角来看才是如此。从这个意义上来说,欧洲联盟并没有宪法,或至少没有民主有效的宪法。但欧洲宪法和宪法审查的正当性基础不在于此。欧盟宪法的正当性在于,这一宪法架构能保障欧洲的公民、群体和机构在欧洲"公共领域"通过民主论证结果的方式运用沟通权力。随之而来的就是,实际上欧洲宪法(即目前的一系列规则和条件)是无效的,或者不具有神圣不可侵犯的特征。这一宪法的有效性就在于,它能够满足民主社会正常发挥功能所需的宪法规范的理想要求。结果就是,欧盟宪法表现为一系列灵活性、自动性和进化性的规范总体——一种具有"更高级的"有效性的假定,如果这些规则没有达到民主的要求,那么这种假定是可以被推翻的。

最后需要强调的是,我们讨论(为欧盟立法提供程序/审议模式)的目的不是根据这一模式粉饰欧盟现有的宪法和法律安排。相反,我们希望这一模式可以用作批判性评价欧盟规范制定程序及其宪政框架的模式。特别是,我们希望这一模式可以用来测试上文讨论过的各种立法限制能否以及如何有助于构建一个更为民主的欧洲层面的决策过程。

---

① 关于在协商民主概念下对民主与宪政的关系的精彩论述,参见尼诺:《审议民主宪法》(C. Nino, *The Constitution of Deliberation Democracy*, Yale University Press, New Haven, 1996)。

四、结　论

今日的欧洲正致力于解决如何使欧洲立法更加理性和民主的问题。我曾主张,按照国家议会模式来改革欧盟的立法并不是办法,原因在于欧盟缺乏国家议会制的基础。特别是,欧洲立法者没有原始权力(源于主权的传统权力),而仅仅有代表权——与国家立法者相比而言,这是一种受到相对严格限制的权力。

相反,出路在于从程序—审议民主的视角来重新思考欧洲的立法。从这种视角看,欧洲的立法,特别是欧洲宪法(对欧洲立法者实践了一系列的原则和限制)是值得尊重的,并且呈现出全新的视野。因此,为确保欧洲宪法得到遵守的司法审查也是正当的,因为它进一步确保了欧洲层面的意志形成和决策的民主过程。

运用信息学实现立法的理性

沃尔曼斯(Wim Voermans)

一、协助起草与计算机：立法信息学

运用信息学推进立法起草工作——立法信息学(legimatics)领域——已经成为一个学科。这一学科尽管很新,但已经成为风尚。立法信息学沿着现有法律计算机系统的发展方向出现了两种方法:信息导向(information-oriented approach)方法和人工智能(Artificial Intelligence, AI)方法。在信息导向方法中,法律和立法问题的解决过程被看成是信息处理问题。根据信息导向方法设计的计算机(IT)系统这样来协助系统使用者:对在解决特定问题过程中产生的信息问题加以处理,并提供准确信息。信息导向的计算机系统提供所需信息。对于此类信息系统的发展而言,需要具备提供问题解决过程所需信息的精确知识。

在人工智能方法中,法律和立法问题的解决过程被看成是运用知识推理的过程。根据人工智能方法设计的计算机系统,为解决特定法律或立法问题提供知识,并按照计算机系统推理的方式建立数据模型。因此,法律人工智能系统能够通过"机器处理过程"的法律推理(部分)解决法律问题。建立人工智能系统,需要具备这些知识——如何解决具体的法律问题,以及在解决问题过程中需要运用哪种具体知识。在过去的一段时期,很多论证者包括我自己都认为,由于很多法律问题的解决过程都具有特殊性和开放性特征,比如涉及公共管理决定的立法过程,或者政策制定过程,因此,人工智能方法还难以有效设计出自动的人工智能起草系统用以辅助立法者的决策过程。立法起草过程涉及太多不同的复杂推理和知识,计算机系统是难以胜任的。然而,这并不意味着人工智能方法不能为立法起草的具体环节设计出 IT 工具,或者为立法设计决策支持系统。

本文将讨论其中的一个起草支持信息系统的发展、动因及其功能主义,即立法设计与咨询(Legislative Design and Advisory, LEDA)系统。这一系统被设计用于辅助荷兰的法律起草者的起草工作。LEDA 是被设计用于便捷查询《荷兰条例制定指南》(Dutch Directive for Regulations)的。它通过一个互动的起草清单指导用户,用以检查草案是否符合某些重要的起草要求。① LEDA 系统目前仅用于荷兰各部委。比利时联邦政府也在考虑一个类似系统(称为 Solon)用于帮助立法起草。②

二、 立法起草与法律问题的解决

荷兰的 LEDA 项目着手于对荷兰立法过程的理论调查。为了确保实现借助计算机支持立法起草的可能性,对于立法过程本质进行深入

---

① 沃尔曼斯:《在立法中运用 IT 技术的可能性》(W. Voermans, *Sturen in de mist... maar dan met radar. De mogelijkheden van de toegepaste informatica bij het ontwerpen van wetgeving*, W. E. J. Tjeenk Willink, Zwolle, 1995)。

② 凯克、德本、布豪特:《Solon:弗拉芒政府的计算机辅助立法起草系统》(R. Van Kuyck, S. Debaene and B. Van Buggenhout, "Solon. A Computer Aided Statutory Drafting System for the Flemish Government", in *Conference Proceedings of the 5th International Conference on Law in the Information Society*, CD-Rom, Florence, 1998)。

思考是基础性的。仔细考虑,立法起草呈现为一个复杂的和开放式的决策过程,这与很多严格的"法律"裁断过程有本质上的不同。例如,立法起草涉及的知识远不止单纯的法律知识。此外,立法过程和立法问题的解决也不仅仅是根据法律规则做出决定。

如果我们更加深入地研究立法决策过程,可以看到,立法起草者们不仅仅是在使用立法方法和法律规则来处理立法问题。

在这一过程中,他们经常做出各种立法决策。这些决策很难说是完美的或者法律上有效的决定。立法决策或者解决方案只能说是在所涉及的各种(事实的、社会的、政治的、法律的和社会经济的)条件下"相对适当的"解决方案。① 因此,立法决策不是一个适用固定法律标准的过程,而是一个开放的过程。在这个过程中,立法起草者根据相对适当性权衡不同的备选方案。最好的相对适当的方案就是被最有说服力的论证所证实的。最有说服力的论证就是立法起草者在与他们的部门主管、政治家、议员、利益集团、游说团体等进行的立法商谈中都获得高度认同的论证。

非常有说服力的论证或者权威性论证,就是在这一商谈过程中几乎所有人都认同的论证。在这种意义上,法律(宪政)论证或者一般认同的立法方法或技术就是建构一个支持特定解决方案的有力的权威性论证,而单纯的个人的或者政治的观点或信仰仅有相对较低的位阶。一个草案的适当性取决于用来支持解决方案的论证的质量和位阶。在立法决策过程中,立法起草者将尽量找到和使用对于论证方案最有利

---

① 霍塔:《构建立法的初步程序:在瑞士立法中可能使用计算机的第一步》(R. Hota, "Strukturierung des Vorverfahrens der Gesetzgebung. Erste Schritte zu einem allfälligen Einsatz von Computern bei der Schweizerischen Gesetzgebung", in T. Öhlinger ed., *Gesetzgebung und Computer*, C. H. Beck, Munich, 1984),第 164—191 页。

的论证,并在旗鼓相当的不同解决方案中做出选择,他或她将选择在立法商谈过程中被最有说服力的论证所证明的方案。寻找和权衡权威性论证是一个可以被概念化、模型化和程式化的过程。① LEDA 系统就包括一个"论证策略"模型。

三、 立法质量标准是研发 LEDA 系统的动因

如我之前所指出的,立法起草的目标主要不是获得法律有效性,而是使立法决策达到尽可能的最佳质量。立法质量反过来在很大程度上取决于法律草案决策思考的广度。而我们在讨论立法质量时所指的是什么呢?没有一般性的定义,但立法质量总是与这一问题相关——立法是否符合普遍接受的立法质量标准。这些标准不是普适的。它们因所属的法律体系不同而有差异。它们可能涉及宪政的、法律的、政治的、社会的和行政的标准等等。《荷兰条例制定指南》②就是一个立法质量标准汇编的例子。

20 世纪 80 年代中期,由于质量和效率方面的突出问题,荷兰政府变得越来越关注立法质量问题。为提高整体的立法质量,政府寻找并实施了不同的政策。③ 政府的众多努力和政策中的一个主要成果,就是采用了一个一般性的立法政策,即由一系列通过设定质量标准以持续提高立法质量的措施组成的政策。这些措施的重要内容之一就涉及立法起草。

---

① 图尔敏:《论证的使用》(S. Toulmin, *The Uses of Argument*, Cambridge University Press, Cambridge, 1958)。
② 以下简称《条例制定指南》或《指南》。——译者注
③ 《立法视角》(*Zicht op Wetgeving*, Dutch Ministry of Justice, The Hague, 1991)。

(一)《条例制定指南》

在荷兰,这一任务日益复杂,以致20世纪80年代后期出现了立法草案质量危机。作为应对,荷兰通过《条例制定指南》确定并实施立法质量政策。① 这些指南非常详细。荷兰的这些指南是一本涉及面很广的立法技术手册,也包括实体性的法律和政策相关的立法问题。结果是,《指南》成为起草指南的鸿篇巨制(共372项),并有大量的补充性信息(比如,说明、例子、示范语句等等),这些都是政府官员和公共服务人员在起草法律草案时必须注意的。②

只有在适用会导致"难以接受的后果"时才允许偏离《指南》(《指南5》)。《指南》包括一个"起草者手册",涉及起草过程中需要处理的各种重要活动。它们涉及技术性和实体性立法问题,比如,如何准备一项起草,如何将公共政策元素融入法律草案,如何执行欧盟立法,该使用哪种立法工具,如何代表立法权力,如何分配行政权力,应该考虑何种质量因素,等等。《指南7》就是有关"方法论"指南的典型例子。它规定:

在决定引入一个条例前,需要实施以下步骤:
(1)获得相关事实和情况的知识;
(2)立法目标应当以尽可能具体的、精确的方式界定出来;
(3)需要考察,既定立法目标能否通过相关人员或部门的自我规制实现,或政府干预是否有必要;
(4)如果政府干预确有必要,需要考察既定目标能够通过修改

---

① 《荷兰条例制定指南(1993年)》[Aanwijzingen voor de Zegelgeving, 1993, Official Journal 1993, 230(Stert. 1993, 230)]。
② 1993年以来,该指南修订了多次。最后一版是2002年版。

或更好利用现有手段的方式实现,或者,如果这证明不可能,是否还有其他的可替代方案;

(5)仔细比较和思考不同的可选方案。

其他指南涉及起草的更为技术化的问题,比如法律草案的结构设计(草案中各种要素的编排),以及更为严格的起草技术指南,涉及起草的句法、措辞和术语(包括示范语句、示范演示文稿等的使用)。最后,还有一系列涉及各种起草(立法)相关程序的指南。在本节中,一系列有关文字和风格的要求都一并适用。

(二) 指南的适用

荷兰这个《指南》是一个鸿篇巨制。共有372项(但它们的总数由于不同的修订而不断增加),按照指南A至Z的方式编排。目前,指南的总数已经超过410项。最重要的是,几乎每一项指南下面都有一个独立的解释备忘录,包括说明和(大多数都有)示例。指南的纯文本超过了200页。指南的庞大体系限制了它们的便利性,也妨碍了其使用。这使得立法者(即便经验丰富)在起草过程中难以找到最新的指南。大家感觉到,一个信息系统可能是解决这个问题的出路。这就是LEDA项目启动的原因。

(二) LEDA项目的目标

LEDA项目的主要目标是,确保起草过程不同阶段所需信息与《指南》所要求的信息一致。第二个目标就是,使用户能够获得《指南》所提供的信息(补充性信息)。很多指南并没有像法律规则那样规定特定情形下的解决方案,而是规定了在特定情形下需要采取的特定行动,以及采取此特定行动需要什么信息。第三个目标就是，提供以《指南》中的起草知识为基础的起草支持，以及《指南》之外的知识基础。

为了能够做到这一点，我们对起草过程本身进行了分析，同时对不同起草阶段如何使用《指南》也进行了分析（所谓的行为和信息分析）。结果就是，起草过程模型被设计成计算机程序。起草过程模型成为LEDA系统的基础。所有的功能和特性都与此相关。

四、LEDA系统：如何工作？

（一）LEDA系统的功能：概述

LEDA系统提供三项主要功能：方法支持、文件起草与文件编排支持，以及知识信息检索。功能整合使得LEDA系统成为一个集成的自动化系统，即一个帮助用户在立法信息基础上解决立法问题的信息技术系统；更为重要的是，该系统帮助其用户起草符合《指南》要求的立法文件。在技术方面，LEDA系统是一个超文本网络，包括该系统中的各种不同导航功能和工作模式。

LEDA系统提供的支持尽管实用，但在本质上很一般。LEDA通过为用户提供由一系列起草菜单组成的起草方法指南，帮助其做好起草框架设计工作。这些起草菜单（在编辑区域显示为一些多层结构）包括有关特定起草阶段立法质量要求的重要信息，这些要求大多数来自《条例制定指南》。这些信息菜单对应起草所要求的不同实体性和结构性要素。比如，LEDA包括诸如"定义条款""行政权的分配""禁止—许可制度""监管（模式）条款""制裁体系""过度机制"等等信息菜单栏。LEDA系统目前的版本仅起草模块就包括54项这类信息菜单。用户不必使用所有这些信息菜单:用户可以做出选择以改变 LEDA 信息菜单的编号和顺序。通过改变信息环境,LEDA 试图锁定特定起草项目所需的特定信息。与此相结合,起草单栏还包括一个可以随机导航的语义网络。通过菜单网络的运行,一个 LEDA 的用户将面对着一系列的文件信息和动态清单,在使用或填写过程中就可以获得起草所需的主要材料。这些材料在使用 LEDA 时可以随意编辑:这个系统被设计成微软 Word97 的一个插件。

LEDA 系统主要是一个信息框架,指导用户完成新的立法起草。该系统主要起到为用户全面提供立法指南的作用,因为它包括大量在起草法案的不同阶段所需遵守的《指南》。此外,LEDA 系统还包括这项功能:能够自动分析一个起草文本并确定其与哪项《指南》相关。为做到这点,LEDA 能够识别起草文本中所用的概念(比如,用来代表权力的固定表述)。一旦这项概念被 LEDA 识别,系统将自动链接(以超文本的方式)与被分析的文本片段相关的信息界面。

LEDA 的各项功能在整个系统中得到整合,并编成两个主要的模块,分别称为预备模块(Preparatory Module)和基本设计界面(Basic Design Screen)。

(二) 预备模块

LEDA 的预备模块按照起草阶段先后顺序的方式编排,为用户提供找到各阶段相关实体的、方法的和结构设计等问题的指南。预备模块不仅帮助用户起草准备性文件(比如政策备忘录),还支持用户设计起草框架,此框架可以用作法律草案的框架设计和模型的基础(这项工作主要在基本设计界面完成)。为此,预备模块通过由参考链接构成的超文本网络来指导用户。为了提供指导,预备模块的超文本网络被分成不同菜单,且与《指南》规定的不同步骤相一致。这些起草菜单的作用在于:显示出与法律草案起草在方法上、实体上以及结构设计上相关的重要节点。图1呈现了预备模块和基本设计界面模块是如何相互联系的。

Preparatory Module

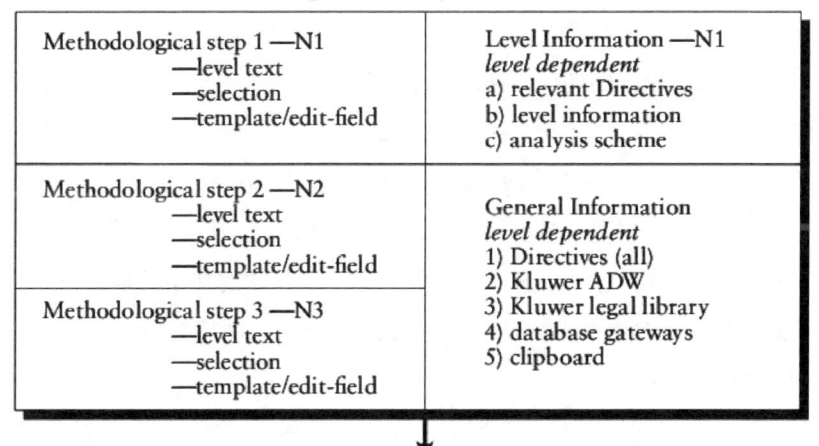

Methodological step 1 —N1 —level text —selection —template/edit-field	Level Information —N1 *level dependent* a) relevant Directives b) level information c) analysis scheme
Methodological step 2 —N2 —level text —selection —template/edit-field	General Information *level dependent* 1) Directives (all) 2) Kluwer ADW 3) Kluwer legal library 4) database gateways 5) clipboard
Methodological step 3 —N3 —level text —selection —template/edit-field	

↓

Basic Design Screen

Structure element N – 1 eg inscription —template/edit-field	Level Information —N1 *level dependent* a) relevant Directives b) level information c) analysis scheme
Structure element N + 2 eg definition —template/edit-field	
Structure element N + 3 —template/edit-field	General Information *level dependent* 1) Directives (all) 2) Kluwer ADW 3) Kluwer legal library 4) database gateways 5) clipboard
Structure element N + 4 —template/edit-field	

图1 预备模块和基本设计界面模块的相互关联图式

预备模块由不同的连续性方法菜单栏组成。这些方法菜单栏都是索引性的,链接着信息菜单。信息菜单是由相关的《指南》组成的,还可以进入到相关的二级信息(和索引相关的《指南》一样),并且还有一个供用户分析特定选项的对话框。信息菜单会随着菜单的活动(即用户正在使用的菜单)而改变。

方法菜单本身由信息面板(关于在特定的步骤应当怎么做)和信息块组成。菜单模板文件(主要用来插入或起草文本)也支持识别重要的子项和不同选项。这都取决于用户的选择和对所输入模板文本的自动分析,系统会根据网络路径(即在基本设计界面)的菜单安排提供参考信息。从用户的视角看,这些菜单形成了一个互动的文字处理器,这个处理器以权威观点的形式从方法上提供指导并提供相关(语义上相通的)信息。

用户可以随机进入菜单构成的超文本网络。这种系统开放性是必要的,因为立法者用户只要有合理的理由——在不借助系统起草法律文本时——是可以自由偏离《指南》的。① 为包容不情愿的用户,甚至可以关掉所有的菜单。

剩下的是一个有信息链的文字处理器,只有一个解释《指南》的缺省②信息菜单——(链接)相关《指南》和补充信息。为防止在超文本链接中迷失,菜单本身带有用户指南,以及容易操作的后退程序和一个步骤跟踪器,还包括可以记录链接过程中各种动作的导航系统。在此之上,预备模块还装备了一个一般信息单元,可以为各种内部或外部数据库提供非超文本接口。用户在不同的菜单中工作时,

---

① 见《条例制定指南》(*Directive for Regulation*)之《指南5》,1992年11月26日由总理颁布,1992年《政府公报》(*Staatscourant*)第230页。
② "缺省"是一个计算机术语,意指系统默认状态。——译者注

可以从这些数据库中提取文本。然而,内部数据库的文本是以超文本方式链接的。

(三) 基本设计界面

基本设计界面(BDS)是以与预备模块相似的方式开发和建构的。和预备模块一样,它包括菜单结构,链接有菜单信息(见图2)。这些菜单包括由菜单文本区域组成的模块,这些模块允许系统支持的插入操作(比如示范条款或例子)。然而,BDS内部菜单模块并不包括预备模块和结构设计方面的相关信息,但提供了与起草结构要素相关的重要的措辞、术语,以及与术语相关的(实体)问题信息。BDS中的菜单布局取决于预备模块的(来自《指南》的)知识以及参考信息。BDS本身可以看成是一个由预备模块塑造和指导的庞大知识模块。BDS代表着一个起草文件的倾向性结构,是根据用户需求塑造的。

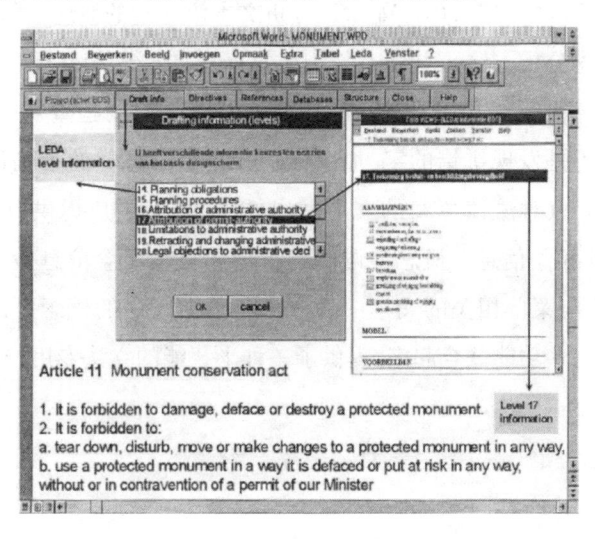

图2 基本设计界面模块菜单信息示例

和预备模块一样,BDS 有一个非常开放的结构:用户可以随机进入,关闭菜单,仅使用缺省信息,删除或者添加特定菜单。用户指南也和预备模块一样。然而,和预备模块相比,BDS 的一个显著特特点就是有一个概念性语法解析器(conceptual dependency parser)。

(四) 概念性语法解析器

当用户完成起草文本时(在 BDS 中的特定菜单中),他可能有兴趣知道自己是否忽略了某个相关的《指南》,换句话说,他/她是否忽略了某个权威性的或者更高级别的观点。为满足这种需求,LEDA 提供了一个概念性语法解析器(conceptual dependency parser,CDP)。CDP 自动分析用户在 BDS 菜单中输入的文本,并自动形成与特定概念相关的数据库或《指南》文本的链接,如果输入的文本暗示了这种关联的话。为了能做到这点,CDP 不仅检测关键词和关键词的组合,并将它们与数据中的样本相匹配(字符串匹配),还分析文本语句中的概念(通过使用语言学的概念分析方法),并将它们与数据库中的概念相匹配(被称为自动概念信息检索)。CDP 发挥着一种复杂的立法拼写检查功能。然而,这种功能不是发现拼错的字、加以标注并提供可替代的正确词汇,LEDA 的 CDP 仅对法律草案的文本做出标注,并为用户提供有用的《指南》和其他相关信息。概念性语法解析器和自动概念信息检索是很强大的,因为与菜单相关的文本中的概念和数据库中的概念可以被精确地找到。这些功能联合起来,提供了一种半智能的立法专用校对功能。

五、结 论

信息导向的方法对于实际的立法信息系统的发展似乎是起作用

的。LEDA 已经运用于荷兰政府部门的起草实践。1997 年开始研发这一系统,司法部以及卫生部、住房和环境事务部都暗示它们有兴趣继续使用 LEDA。2000 年开发出 LEDA 的商用版。如今这个系统已经在荷兰的很多政府部门使用。商用版可以在微软的 Access 和 Word 系统中运行。LEDA 的方法也开始在澳大利亚(Enact)、①意大利(Lexedit)②和比利时(Solon)的类似项目中得到运用。

对起草过程进行初步结构设计,并提供和 LEDA 一样的相关权威信息系统,只是迈向真正智能起草支持系统的第一步。智能起草支持系统应当可以通过运用人工智能技术来模仿复杂情况下的立法推理。在不久的将来,人工智能基础上的工具将大大提高现有立法信息系统(比如 LEDA)的功能和质量。人工智能方法在与信息导向方法的结合上是有很大潜力的。能够对起草文本的影响进行持续性核对和分析的立法信息人工智能工具,将不仅有助于提高起草支持系统的质量,还有助于重新思考立法质量并为立法起草提供新的方法。③ 然而,起草支持和单纯的人工智能立法分析与审查系统的结合目前受到两个因素的阻碍:复杂的知识体系;转化(起草的)自然语言以与分析和审查系统相兼容。

和 LEDA 一样的系统将在很多方面影响起草过程。首先,通过其功能,系统有助于加快立法起草的步伐,通过将注意力聚焦于《指南》的

---

① 见摩尔:《立法信息系统》(T. Arnold-Moore, *Information Systems for Legislation*, Melbourne, 1998)。
② 见佩戈、麦卡利、萨特:《立法,立法的信息化》(C. P. Biagoli, G. Mercatali and G. Sartor, *Legimatica, informatica per legiferare*, Ed Scientifice Italiane, Padua, 1995)。
③ 卡林根、佛曼斯:《一种"脚踏实地"的以信息技术支持立法起草的方法》(R. W. Van Kralingen and W. Voermans, "A 'Down to Earth' Approach to IT Support for Legislative Drafting", in C.-A. Morand ed., *Légistique formelle et matérielle*, Presses University Aix-Marseille, Aix-en-Provence, 1999)。

方式间接地有助于提高立法起草的质量。此外，LEDA 这样的系统有助于通过使起草法律——这通常是政府各部门的专业法律起草者的领域——更透明、更接地气来释放议员或非专业立法者的立法技能。立法知识本身也将受益。LEDA 中的起草知识将越来越成为关注立法者的一种互动性参考。将 LEDA 作为一个了解立法起草是什么以及如何操作的平台，立法参与者将通过他们对立法课题不可避免的讨论而补充和扩展立法知识。立法起草的新的经验和洞见很容易被添加到系统的知识库中。

利用和 LEDA 一样的信息技术起草系统工作，长期来说可能会导致对立法过程本身的重新思考和重构。迄今为止，立法起草一直都是以纸质文件为主而且有时候很笨重，因为需要以文字方式在立法合作伙伴之间进行交流。信息技术系统的引入可以很好地改变立法过程中的纸质文件并代之以更快捷的数字过程。

使用信息技术起草系统可能会提高立法的理性程度，但在任何情况下，这都完全取决于操作系统的立法起草者。

立法评估的论坛模式*

温特(Heinrich B. Winter)

一、引　言

在荷兰,过去几十年里立法评估已经成为一个普遍的、几乎是标准的立法环节。在各种各样的文件中,评估研究受到激发。① 在政府的规章立法指南中,提供了评估法律条款的模板。评估研究的不断增多几乎自然而然地导致了研究结果采用的问题。一项元评估显示,这种采用率是相当高的。② 接下来的任务是解释这一结果。③ 我们称这种解释为"立法的论坛模式"。④

首先,我将简要评析一下日益重要的立法评估研究。在荷兰,评估研究需要的蓬勃发展源于对国家立法质量和数量的讨论。本文将阐述

---

* 本文是在1998年8月在芬兰图尔库的"理性与立法"论坛上提交的论文基础上修改而成的。该文曾发表于《协会》(*Associations*)1999年卷,第237—250页。特向米歇尔·赫维耶(Michiel Herweijer)就论文初稿提出修改意见而致谢。

① 例如:《立法观点》("Zicht op wetgeving", in *Kamerstukken* Ⅱ, 1990-1, 22 008, nos 1-2),第39—40页。

② 《法规说明·司法部:指令》(*Aanwijzingen voor de regelgeving, Ministerie van Justitie: aanwijzing*, Sdu, Den Haag, 1998),第464页。

③ 温特、夏特曼、赫维杰:《评估立法》(H. B. Winter, M. Scheltema and M. Herweijer, *Evaluatie van wetgeving*, Kluwer, Deventer, 1990)。

④ 温特:《立法评估》(H. B. Winter, *Evaluatie van wetgeving*, Kluwer, Deventer, 1996)。

这种讨论的主流观点。在讨论元评估的定位后,我将讨论本文的主题:解释对立法评估研究的采用。在第六部分,我将提出立法的论坛模式。在总结本文后,我将指出立法评估研究的缺陷和风险。

二、日益重要的评估研究

荷兰最早的三项法律评估是在 20 世纪 80 年代早期发布的。第一项评估涉及的是有关在公立大学建立"民主"管理的法律(1970 年)(评估报告是 1980 年发布的)。第二项评估涉及的是有关确立对政府信息的知情权的法律(1978 年)(报告是 1983 年发布的)。第三项评估涉及的是工业企业申请环境许可的程序的法律(1978 年)(评估报告是 1983 年发布的)。这三部法律的目标是实体性改革。我们可以称之为"修订"法律,这和"法典化"法律(即引入现行习惯法、行政实践或法理并转化为法律规则)不同。这三项评估研究都是议会委托的,并且由独立学者成立的委员会监督。研究由社会学家和法学家共同实施。法学家研究法律的文本、指引的针对性及其法理正确性。社会学家研究法律的适用情况及其直接影响。从这些最初的尝试开始,在芬兰已经实施了超过 100 项法律评估。

20 世纪 80 年代末,我在 1983 年至 1987 年间开展的法律评估中抽取了 50 个样本。① 所有样本的评估研究都是由部委委托开展的,且主要是由独立研究人员(大学或者研究机构)实施的。最近,我尝试确定在过去五年里所开展的立法评估研究的数量。② 显然,总数远超过去的

---

① 见温特、夏特曼、赫维杰:《评估立法》。
② 施久福斯拉、温特:《司法部法律评估清单》(N. Struiksma and H. B. Winter, *Inventarisatie wetsevaluaties, ministerie van Justitie*, Pro Facto, Groningen, 1998)。

十年:1993 年至 1997 年的五年期间,评估研究的数量大幅增长,大概有 150 项。这种发展趋势可以从以下几方面进行解释。

首先,立法评估顺应了一般政策评估的发展趋势。过去的十年里,有关政策影响的研究不断增加。对于其中大多数研究而言,财政动机是启动研究的初衷。此外,人们越来越意识到,政府的行为并非总能达到其目标。预算耗尽以及预算改革,使得有必要开展评估研究。但更普遍的是逐步意识到这一点,即认真关注其开支的政府有必要知道其行为的准确结果。这并不是一个新的现象。伴随着逐渐增多的政府干预,"精打细算"在过去的十年里成为更为重要的承诺。

执行严格预算政策的需要仅强调了政府行为效率的重要性。1991 年,荷兰审计署(Dutch General Accounting Office)完成了一项调查,四个部委每年开展超过 300 项评估研究;评估研究的年度预算总共超过了 850 万芬兰马克(大约 380 万欧元或 420 万美元)。① 大多数的评估研究都与政策发布、预算或组织机构有关。法律评估仅仅是所有评估中的很小一部分,但这一部分在不断增长,或许比一般评估的增长步伐要快。

其次,立法评估日益重要可能有助于改变我们对法律部门(部委)的态度。在律师和法律部门的圈子里,长期以来由一种单一的法律方法所主导。按照这种方法,立法是表达政府权威的最佳方式。经过仔细的准备过程后,一部法律在议会中制定出来,接着就是法律被自动公正地实施。对立法权威坚实信仰的改变经过了很长时间。越来越多的

---

① 《审计法院 1990 年报告》(Algemene Rekenkamer, Verslag 1990, Kamerstukken Ⅱ, 1990－1, 22 032)。

研究证据显示:立法的公正实施并不是自动的。这导致实施研究和质量评估研究的不断增加。①

最后,在过去的十年里,评估研究技术快速提高。这也导致评估实践的不断增多:评估研究人员越来越擅长运用不同的研究方法,更懂得如何处理与委托方的复杂关系,更善于处理研究后的政策影响。委托方也更擅长选择胜任的研究人员,更善于运用研究结果,更善于做好评估研究所需要的基础工作。评估研究成为一种"常规生意",这也意味着,更少大学而更多私人评估公司参与其中。

三、 立法政策:从数量到质量

在荷兰,过去数十年里评估研究数量增长了,与之相伴随的是立法政策的改变。我将讨论这点,因为这与本文的中心主题相关。自 20 世纪 80 年代初开始,荷兰各界一直在讨论立法质量和数量的问题。在西方各国都有类似的发展趋势,尽管所打的旗号(如去监管化、撒切尔主义、里根经济学)不同。当然,荷兰也不例外。在荷兰,起初对国家立法的批评旨在减少法律的数量及其复杂性。在 20 世纪 80 年代末,人们相信这些目标并未实现。在接下来的几年里,即 20 世纪 90 年代初,立法政策改变了目标。从立法数量本位转向质量本位。司法部出台了一套有关立法质量的政策。在一个被称为《洞察立法》(Sight on Legislation)的有影响力的政府文件中,提出了一套有关立法质量的标准,以提高和界定法律的质量。质量被定义为众所周知的效力和效

---

① 例如,见普莱斯曼、韦达夫斯基:《实施:为何华盛顿的巨大期望在俄克拉荷马州被摧毁》(J. L. Pressman and A. Wildavsky, *Implementation: Why Great Expectations in Washington Are Dashed in Oklahoma*, University of California Press, Berkeley, 1973)。

率标准,还有可行性、可强制执行性,以及文本的可获得性、法律文本的明确性和通俗性。

数年前,旨在提高立法质量的政策被建构成一场更为系统的打着"市场功能、去监管和立法质量"旗号的运动。这场运动的旗号显示其以市场方法为主导。首相科克(Wim Kok)在首次组阁的初期,挑选了一些法律并对之仔细审查,目的是完善这些法律。与之相关的问题就是,立法评估是否有助于提高立法质量。我认为,在特定的环境下,立法评估可以提高立法质量。

为论证这一主题,我开展了一项元评估(meta-evaluation),即对荷兰过去十年里的立法评估研究进行研究。[①] 在进入本文的中心主题之前,我要阐释一下元评估的本质。下一节我们将指出,元评估关注的是方法论、人类行为学以及评估的运用,反过来,这些问题本身也接受评估。我的观点是:最为突出的问题是评估研究的结果在多大程度上有助于完善政策或立法,这一问题几乎从未有人问过。

四、元评估的定位

对评估的评估(即元评估)主要定位于两个问题。第一个问题(在科学领域很常见)就是,评估本身是否遵循了科学研究应适用的规则,特别是方法论和人类行为学方面的规则。对研究方法的评估关注的是,数据的采集和分析是否符合公认的有效性、可靠性和普遍性标准。关于人类行为学的测试涉及这个问题,即对政策制定者而言研究信息的关联性和可用性。

[①] 见温特:《立法评估》。

在20世纪70年代,对涉及政策评估研究的科学讨论的不信任开始减少,关注点转向另一个问题:评估研究的结果在多大程度上改变了研究对象、政策或者法律?有大量的关于采用率的研究文章。然而,这些研究的结论多种多样。有些研究者,比如魏斯(Weiss)和范德瓦尔(Van de Vall),就认为采用率是很低的,①而其他研究者则得出了相反的结论。② 对这些不同结论的部分解释就是,(首先,)他们所使用的采用率定义不同。如果使用广义的采用率概念,研究结论的采用率就会较高。魏斯提到了采用方式,从直接的、可见的采用到对研究结果的抽象采用。③ 其次,采用率研究的对象也不同。合理的是,委托研究的采用率要高于学术的、非委托的评估研究。再次,与此相关的是,立法评估的采用率更高,这也是合理的。因为立法流程是严格按照宪法规定和程序来建构的。我将在第六节讨论这一点。

　　元评估关注的是采用率、方法论和人类行为学等问题。从这个角度看,令人惊讶的是,对这些元问题的关注并没有抵达问题核心,那就是评估研究——长期而言——对提高所研究的政策或法律的质量而言有什么贡献。本文强调的核心就是这个经验问题:立法评估在多大程度上,以何种方式导致立法质量的改变?

---

① 魏斯主编:《在公共政策制定中运用社会研究》(C. H. Weiss ed., *Use Social Research in Public Policy Making*, Lexington, 1977);瓦尔:《社会政策研究》(M. Van de Vall, *Sociaal beleidsonderzoek*, Samsom, Alphen aan den Rijn, 1980)。
② 拜戈:《有效评估》(G. van den Berg, *Effectief evalueren*, Publisher?, Lisse, 1987);另见穆德、瓦尔拉文等:《在中央政府中使用政策实证研究》(H.-P. Mulder and G. Walraven, "Gebruik van beleidsevalatie-onderzoek bij de rijksoverheid", *Beleidswetenschap*, 1991),第203—227页。
③ 魏斯:《研究运用的多重含义》(C. H. Weiss, "The Many Meaning of Research-Utilization", *Public Administration Review*, 1979),第426—431页。

五、核心主题：系统的评估能提高法律质量

在立法评估领域的早期研究中，①我关注的是采用率问题。评估研究在多大程度上被实际使用？我的结论有些令人惊讶，因为这与根据其他研究——就是我提到的魏斯和范德瓦尔——做出的预期不同。我发现，大部分评估研究实际上都在立法过程中被采用了。在我分析的大量例子中，法律本身在评估研究结果的基础上有了变化。在多数情况下，这种变化是在执行过程中或者在组织内发生的。因此，我想进一步研究并回答刚才那个问题：研究结果的采用在哪个方面也意味着对所评估的法律质量的提升？

为解答这个问题，同时为衡量法律质量的提升，我们必须知道"质量"是什么，因此就需要一套标准。为找到这些标准，我回到上文提到的政府文件《洞察立法》中。相关的标准涉及法律的实践方面和文本方面：实践方面包括预设的应然法律效力、预期的效率，以及预想的法律可行性和可强制执行性；文本方面包括法律文本的可获得性、明确性和通俗性。为确定在评估研究基础上立法质量的变化，我还做了一项深入研究。我开展的是一个案例研究，这项研究限于从现有的立法评估研究中挑选出的三个案例。在挑选这些评估研究时，我注重两个方面的区别：一方面是经验研究基础上的系统评估；另一方面是基于"快速而有效的"研究和知情人士的主观评估。

在这些案例中，研究结果的采用率是主导性的，因为核心问题聚焦于对所评估的法律的质量的提升。在两个案例(《信息自由法》和《噪

---

① 见温特、夏特曼、赫维杰：《评估立法》。

音控制法》)中,评估的质量很高,法律的质量看起来也有明显提高。另一方面,在评估质量看似有问题的例子(《住房法》修订)中,法律质量则有所下降。我要强调的是,这些结果很有趣,但未必很有说服力。仔细研究的案例有限,因此,推广这些结果是危险的。因此,建立一个理论框架容纳并解释这些结论,将有助于得到更好的结论。① 在下一节中,我将提出这种理论框架,我称之为立法的论坛模式。在此之前,有必要强调的是,论坛模式对立法法理学而言并不是一个熟悉的概念。② 相反,它与立法过程相关,涉及的是议会讨论立法提案、制定新的立法和修改现有法律的方式。

六、 论坛模式

立法过程可以用不同的方式概念化。有两种经典的互动模式的理论框架:壁垒模式和垃圾桶模式。由巴克拉克(Bachrach)和巴拉兹(Baratz)首先提出的壁垒模式,将权力视为决定政策制定结果的主导因素。③ 这一模式将政策制定过程划分为不同的部分,在不同的部分之间存在阻止一个议题进入讨论议程的壁垒。要启动一个政策制定程序,则要将一种社会需求转化为政治系统的需求。这种需求只有被提上政

---

① 尹(Yin)认为,案例研究被认为是一种探索性研究策略,适用于理论发展。尹:《案例研究》(R. K. Yin, *Case Study Research*, Sage, Beverly Hills/New Delhi, 1984)。
② 为立法发展出一种新的理论框架,这被称为"立法法理学"。这一概念在 1998 年 8 月图尔库的"理性与立法"论坛上得到充分讨论。见温特根斯:《立法法理学:新立法理论的要素》(Luc J. Wintgens, "Legisprudence: Elements for a New Theory of Legislation", *Associations*, 1999),第 185—209 页;以及多贝克-荣:《现实立法法理学:立法创制与评估的一种多学科方法》(B. Dorbeck-Jung, "Realistic Legisprudence: A Multidisciplinary Approach to the Creation and Evaluation of Legislation", *Associations*, 1999),第 211—235 页。
③ 巴克拉克、巴拉兹:《权力与贫困》(P. Bachrach and M. S. Baratz, *Power and Poverty*, Oxford University Press, New York, 1970)。

治议程,才能做出决策,并最终得以实施。但处于主导地位的信仰、价值和联盟却会阻止一个议题克服进入政治议程的壁垒。

另一个互动模式关注的是政策制定过程的不可预测性。在运用科恩(Cohen)、马奇(March)和奥尔森(Olson)的"有组织的无政府"的垃圾桶模式时,金登(Kingdon)将政策制定过程描述成一些不可预测的溪流的汇合。① 政策的溪流、政治的溪流和问题的溪流在政策窗户打开之处汇合。② 这些窗户之所以打开,可能是政治发展的结果,也可能是因为重大危机的发生。这一模式的核心就是,机会是政策制定过程中的主导因素。

这两种模式都适用于对立法过程的理论建构。我的研究目的在于解释立法评估和立法质量提升(或下降)之间的关系。立法者接收有关立法实际作用的信息,在这些信息的基础上,他可能会思考对法律的修订。

立法者想知道是否实现了自己的目标。他想预测和评估自己工作的影响。在评估信息的基础上,立法者可能会思考对法律的修订。最终的决策不能单纯地用权力游戏或者仅仅是机会来解释。在立法过程中,论证举足轻重。此外,根据评估结论启动修改法律的过程,和壁垒模式所说的那样,与外部倡议几乎无关。这也不存在不可预测性问题:评估的时间是知道的,问题也描述了,解决方案也提出了。

因此,论坛模式不是一个简单的"输入—输出"模式,也不是一个混乱模式,而是一个论证和交流模式。论坛模式的基础预设是:通过评估

---

　　① 科恩、马奇、奥尔森:《组织选择的垃圾桶模式》(M. D. Cohen, J. G. March and J. P. Olsen, "A Garbage Can Model of Organizational Choice", *Administrative Science Quarterly*, 1972),第1—25页。

　　② 金登:《议程、替代方案和公共政策》(J. W. Kingdon, *Agendas, Alternatives, and Public Policies*, HarperCollins, Boston, 1984)。

研究,信息变得可得,这为公共辩论提供了可能。理想的是,法律就是这种辩论的结果,辩论的基础就是与评估所界定的情形相关的论证。在此预设上,立法过程的论坛模式建立了。

立法过程的论坛模式预设:在能够获得更多更好有关法律运行环境的可靠信息时,立法质量将会提高。根据这种预设,评估质量是影响立法质量的重要因素。立法程序是按照严格程序创制法律的,事先知道的参与者通过多个回合的讨论加以制定。这种立法过程至少有两个目的。

首先,立法过程是一个民主、开放的过程。程序规则都是基于这一目的建立的。比如,建立选举参与者的规则,以确保立法体现普遍价值。此外,民主立法程序的目的就是授予法律正当性。其次,立法程序旨在实现好的决策。立法程序规则都被设计成有助于实现谨慎的审议。因此,在荷兰,议会为每个待提请审议的法案都提供了一份正式的推荐意见,大部分的意见都是书面形式的,并且经过了数个回合的讨论。经过议会参与者的中转,很大一部分的意见都是可以获得的。立法过程对公民的开放性是一个必要的前提条件。这强化了对过程的外部影响(通过积极的公民表达和自由媒体),也提高了作为立法条件的辩论的质量。

我的案例研究结果证实了论坛模式吗?这些案例确实证实了论坛模式的基本预设。在系统评估后提案经过了激烈的讨论,这明显揭高了那两部法律的质量。在《住房法》的主观评估基础上进行的议会讨论就不是实体性的,相反却呈现出强烈的策略性。结果是,《住房法》的修订并没有提高其质量。

研究显示,评估向立法过程引入了现实情况以支持立法中的辩论。根据哈贝马斯的民主程序、商谈模式,立法讨论的特征在于,它是沟通论证和策略论证的结合。① 沟通论证就是信息和论据的公开交流,而策略论证则让位于权力博弈和策略性交流,结果就是公开程度没那么高了。高质量的评估限制了策略论证。立法评估的定位应当是强化法律修订准备过程中的沟通论证。

当然,我们仍需要对评估的可能性保持清醒的认识。参加法案讨论的很多人通常都怀有不同的利益。评估研究的结果并不能取代参与者基于自身利益做出的考量。但另一方面,没有必要对评估结果对立法过程的作用持过于谦卑的态度。评估结果实际上能够激发立法过程的参与者。评估结果至少为那些讨论参与者选择可能的立场划定了边界。评估提供了有关某个法律影响的信息,以及与特定领域政府行为相关的国家事务的信息。立法者的可能选择受到这些信息的影响(通常是选择减少)。

有人貌似认为,评估结果以及这种研究一般而言与政治辩论没有关系或者没有太大的关系。研究结果可以在大街上发现:合格的市民、行政管理人员和政治家在没有研究的情况下也知道如何选择。荷兰审计署的一项研究显示,②这种观点也是荷兰中央政府部门的律师们的观点。我的案例的数据与这种观点正好相反。在这方面,显然,有关《信息自由法》和《噪音控制法》的评估结果偏离了很多人对这两部法律功能的预期,有时是在被评估的法律实施之前,有的是在之后。对《信息自由法》的评估显示,这部法律并没有像之前担忧的那样对公共服务和政府机构造成不利影响。由于这种担忧,议会在经过激烈辩论后才勉

---

① 哈贝马斯:《交往行为理论》(J. Habermas, *Theorie des kommunikativen Handelns*, Suhrkamp, Frankfort on Main, 1981)。
② 《审计法院》"立法:组织、流程与产品"(*Algemene Rekenkamer*, "Wetgeving: organisatie, proces en produkt", Kamerstukken II, 1993-4, 23 710, nos-1-2)。

强通过了这部法律。

评估证明,这部法律并没有导致数量庞大的信息申请。在《噪音控制法》修改中也一样,值得注意的是,最初的预期和评估结果之间也有类似的差异。显然,在《噪音控制法》的案例中,甚至在这部法律实施后,投诉大量增长,而且达到了行政机关处理的极限。评估显示,在过了一段时间,执法瓶颈解决后(这要感谢中央部门对地方政府的支持),情况并没有像最初看起来的那么糟糕。

《住房法》的案例也显示,有关该法的执法数据会导致新的看法。有关1991年《住房法》的功能的研究结果显示,1991年修法的基本预设有些是错误的。事实上,某些评估结论(被认为是去监管化运动的一部分,也是改革的基础)被证明是错误的。

七、结 论

总而言之,实证的、系统的评估能够产生令人清醒的和揭露真相的作用。它们具有现实意义。评估对立法过程是有价值的,原因在于它能够测试法律制定时的各种预设。评估为立法者提供有关法律的作用以及有关影响法律实施的环境因素信息。这些信息使立法过程更明智,并有助于提高立法辩论的质量。这些信息是有价值的,因为它们在立法过程中的采用率相当高。社会日益复杂多变,其后果就是,个人经历已不能成为调整立法的充分理由,尽管此前可以。部委律师和执法官员的随机观察也不能成为立法者可以修改法律的坚实基础。

如果评估报告提供了有关法律功能的可靠信息,立法程序看起来对此是相当尊重的。这种尊重可以通过立法过程的论坛模式得到解释。法律是在严格规制的程序下,由事先了解情况的参与者经过多个回合讨论制定出来的。其中,为实现审慎的审议,立法程序规则被创设出来。

在这方面,相关的是国家议会对所有待提交审议的法案都提出了建议。此外,大部分的讨论都是书面的,且都经过数个回合的辩论。经过不同议会参与者[在荷兰是第一院(Eerste Kamer)和第二院(Tweede Kamer),与美国的参众两院类似]的审议,某些特定的反思将得到认同。当然,立法程序的市民公开性是前提条件。这强化了对立法过程的外部影响(通过积极的公共意见和自由媒体),也提高了作为立法基础的辩论的质量。评估研究者和政策制定者(包括立法者)的共同点就是在论坛上证成自己的观点。对立法者而言,这意味着决定(并最终落实到法律中)必须是能够被公众支持的。立法过程尊重评估信息,原因在于这些信息是经过充分论证的。这些信息的质量越高,提议的法律所接受的测试越严格。提案可以建立在更坚实的基础上,这意味着这项提案更容易在辩论中通过。就初衷而言,评估非常适合立法过程。

提供有关法律功能的信息将有助于为立法决策做好充分准备。最好的决策就是知情决定。然而,立法的准备过程是沟通行为和策略行为的混合。在民主程序中,(科学)研究的作用并不是主导的。研究结论经常要服从于政治决断,但评估者仍能有助于仔细审慎的决断。从这个角度来看,评估的目标就是对立法辩论施加积极影响。在这方面,辩论的公开性成为一个先决条件。辩论的公开性使得这一点更加确定:评估结论不能被忽略。

三个研究案例显示了评估对立法的不同影响。在这三部法律的讨论中,决策者、政治家和官员不断提及评估结论。部长们的提议被用来与这些结论进行比较。在《信息自由法》和《噪音管制法》的讨论中,这一点非常明显,部长们不同意评估委员会的建议。议会考虑评估结论后要求对提议做进一步论证。在这方面,令人惊讶的是,《住房法》的修改导致了对这部新法律提案理由是否充分的批评。关于新《住房法》的辩论具有强烈的意识形态内涵。因为没有实证的数据,策略行为的机会增加了。由于缺乏客观的有力事实,一厢情愿的空间就很大了。在其他两个案例中也存在策略行为,但这两个案件中的辩论就明显没那么多偏见。

当然,需要谨慎地得出这些理性的结论。立法并非总是这一过程的结果。这个过程的特征就是:开放的、决策者之间的民主辩论(对彼此的论证进行反驳)是由高质量的论证和信息主导的。立法辩论通常受政治理性的影响。确实,在立法评估结果质量和立法质量之间,没有无条件的必然联系。

然而,另一方面,评估结论为政治辩论划定了边界。决策者所做的选择受到评估研究的影响,也受到与立法论坛中公共辩论发生有关的其他控制机制的影响。本文的结论就是,从实证的角度看,系统的法律评估有助于实现利益、权力、价值和意识形态与客观的、没有争议的事实信息之间的平衡。这种平衡有利于提高所评估的法律的质量。

八、不足和风险

或许在前述讨论之后,人们将热切期望对所有立法进行系统评估。然而,这种期望是不现实的,原因在于做出立法评估的决定和对评估结果的运用都有某种不足。首先,法律评估作为一种政治制度,可能导致忽略事前的评估,进而降低新立法的门槛。政治辩论的重心在于长期评估的可取性,而不是认真评价手头的提案。其次,我的研究显示,评估的采用率相当高。因此,评估可能导致现行法的更新过快,这将威胁法律的稳定性。众所周知，稳定性是"法治"的基本条件。最后，评估也为所评估法律的反对者提供了新的政策制定机会。立法议程并不会因评估结果而改变，但会因提供了这种机会而改变。

当这些影响产生时，就没有理由相信评估将有助于完善立法了。评估结果的运用有时会对立法质量构成威胁。一般而言，法律通常是在实施不久之后就被评估。① 大多数评估都是在法律仍处于实施初期时开展的。大多数情况下，确定被评估法律的影响尚不可能。

当评估报告假装提供的不止是有关法律影响的临时信息时，评估结果将是误导性的，而且对于完善立法没有任何价值。评估对立法质量的另一个威胁，与要求评估者提供有用建议的压力有关。政治家有时候对简单、直接的新立法更感兴趣，而不是对现行法律的适用情况感兴趣。在研究有用建议的过程中，评估者可能会违反"对称条件"，提出不能建立在研究结果的基础上的建议。

---

① 温特、夏特曼、赫维杰：《评估立法》。

图书在版编目(CIP)数据

立法法理学:立法研究的新路径/(比)吕克·J.温特根斯主编;朱书龙译.—北京:商务印书馆,2022
(立法学经典译丛)
ISBN 978-7-100-21179-6

Ⅰ.①立… Ⅱ.①吕…②朱… Ⅲ.①立法-法理学-研究 Ⅳ.① D901

中国版本图书馆 CIP 数据核字(2022)第 081616 号

权利保留,侵权必究。

立法学经典译丛
立法法理学
立法研究的新路径
吕克·J.温特根斯 主编
朱书龙 译

商 务 印 书 馆 出 版
(北京王府井大街36号 邮政编码100710)
商 务 印 书 馆 发 行
南京新世纪联盟印务有限公司印刷
ISBN 978-7-100-21179-6

2022年11月第1版 开本 880×1240 1/32
2022年11月第1次印刷 印张 6⅜

定价:38.00元